张幼仪传

朱滨华 著

汕頭大學出版社

图书在版编目（CIP）数据

张幼仪传 / 朱滨华著 . -- 汕头 : 汕头大学出版社 , 2018.10

ISBN 978-7-5658-2921-5

Ⅰ . ①张… Ⅱ . ①朱… Ⅲ . ①张幼仪（1900-1988）—传记 Ⅳ. ①K828.5

中国版本图书馆 CIP 数据核字（2018）第 204288 号

张幼仪传 ZHANGYOUYIZHUAN

著　　者：朱滨华
责任编辑：宋倩倩
责任技编：黄东生
封面设计：李四月 秋秋
出版发行：汕头大学出版社
　　　　　广东省汕头市大学路243号汕头大学校园内　　邮政编码：515063
电　　话：0754-82904613
印　　刷：三河市天润建兴印务有限公司
开　　本：880mm × 1230mm　1/32
印　　张：9.25
字　　数：160千字
版　　次：2018年10月第1版
印　　次：2018年10月第1次印刷
定　　价：39.80元
ISBN 978-7-5658-2921-5

目录
CONTENTS

张幼仪（1900~1988 年），中国近现代历史上一位秀外慧中的传奇女性。她出生于晚清上海宝山的一个名门望族，凭借自己的聪慧和努力，就读于西式学堂接受了新式教育，成为了一名浸染了传统道德与时代风气的新女性。及笄之年与民国才子徐志摩结为秦晋之好，但七年婚姻带来的不是幸福，而是诸多的无奈与痛楚。二十二岁时，在随徐志摩陪读英国期间与徐志摩离婚，随后，又独自承受了丧子之痛。

生活的不幸，并没有击垮张幼仪。她没有消沉，继续在德国留学深造，学成归国后在东吴大学教授德文，成为一名年轻的女性大学教授。二十八岁时担任上海女子商业储蓄银行副总裁、云裳服装公司总经理，成为一名卓越的女性银行家和企业家。她的聪慧与坚韧，成就了她非凡的事业；她的温婉与柔情，也让她在天命之年，收获了属于自己的美满姻缘，年轻时婚姻的坎坷在迟暮之年得到了温馨的补偿。

本书通过详实的史料，勾画出张幼仪曲折传奇的一生；通过撷取其不同时期的生活片断，描绘出一位平凡而又卓绝的民国女性的风采；通过对其心理的体察与关怀，刻画了一个女性在特殊的家庭、特别的事业、特定的社会中精神升华的艰苦历程。

第一章 闺阁——一袭华美的披风

01 富庶之家

女人的一生都会有她最美的时候，有的人如烟花灿烂一时，转而便寂然无声。而有些人，其一生则如同绘制一幅水墨画，初看，那些线条、轮廓和布局并无殊胜之处，岁月如笔，给画面不断地点染和润色。在每一次细微的变化和丰富中，人们慢慢品味出这画的精妙，直至最后画作完成，呈现在人们眼前的是一幅不得不让人惊叹的浑厚华滋的完美作品。

张幼仪，就是那种像水墨画一样的美好女子，人生中的一笔一墨都是在层层浸染着她的温柔敦厚之美。

说到张幼仪这个名字，或许大家并不太熟悉，但是说她是诗人徐志摩的第一任夫人，恐怕都会恍然大悟。对，她就是那个民国风流才子徐志摩娶了却从没爱过的女子，那个被迫服从了徐志摩要做时髦的现代中国第一对“文明离婚夫妻”的女子。而在离婚后，她的贤惠善良，令徐父徐母铭心留念。她依然被徐家人当作了家庭主心骨，帮助打理着徐家的大小事务。她的一生所有的行为，都遵循着中国人朴实善良的传统道德。

这当然与她从小所接受的家庭教育有着莫大的关系。

1900年，新世纪的开端，此时的中国正处在一个英勇而悲怆的时期。清政府屈辱地俯首于西方列强的势力，而义和团竖起“扶清灭洋”的旗帜，试图攻占驻北京、天津等地的外国使馆区，“八国联军”悍然发动了侵华战争。这乱象环生的社会，让人感到绝望。而在上海宝山的一个张姓的富庶人家，依然靠着祖辈的积累和后代的勤勉，过着衣食丰厚的生活。

12月29日寅时，医生张润之家诞生了一名女婴，这是张家第二个女儿。孩子出生时很强壮，小手脚有力地挥舞着，用响亮的啼哭声来应对这个陌生的世界。她就是后来风云一时的职场女奇人“二小姐”张幼仪。

张家在宝山是个很有地位的家族。祖辈靠经营盐业起家，积蓄了可观的财富和大量的田产。到了张幼仪的曾祖父一代，张家已不再经商，而是改行悬壶行医了，他们家成了当地有名的“儒医世家”。张家最鼎盛的时期，是张幼仪的祖父在清政府为官的时候。她的祖父是满清朝一位很有名望的官员，由于他政绩卓著，受到皇帝的特别奖励，在他告老还乡的时候，不仅赏赐了大量财物，还特意赠送了两顶轿子给张家。能拥有私人的轿子，这在当时可是身份的象征，因为普通人家不可能拥有私人的轿子，而张家却同时拥有两顶轿子。

张家在上海宝山真如镇的中心地段有个很大的宅子，建于雍正二年，坐北朝南，是个风水很好的四合院，这座宅子有一个庄严的名字叫“式训堂”。到张幼仪出世这会儿，大院里面住着老祖母，张幼仪一家和伯父一家。三代同堂，几十口人在一起生活，宅子都仍然显得很宽敞。还有一个小房间，专门用来存放那两顶轿子。张家的生活是精致的，不仅有着自己的厨房和杂役，甚至家里还有专门为他们裁衣做鞋的佣人。

在封建社会里，越是显赫的大家庭，越有着根深蒂固的封建思想。男主人是家庭里绝对的权威。家里所有人，包括张幼仪的母亲，都是绝对地顺从父亲。父亲的脾气非常暴烈，稍不如意便会大发雷霆。张幼仪对父亲很是尊敬，尊敬里甚至带着一丝畏惧的心理。她平日非常懂得礼数：除非父亲要求，否则她从不会随便出现在父亲面前；父亲批评她时，她会很诚恳地鞠躬，谢谢父亲的教导；在父亲说口渴前，她会把茶沏好奉上。小小的年纪，张幼仪便学会了揣度父亲的喜好，绝不做惹父亲不高兴的事情。

张幼仪的母亲在两岁的时候，由父母之命许配给了张父，到了适婚年龄，便波澜不惊地嫁入了张家，从此便在张家待了一辈子。她的一生，仿佛就是为了完成女人的使命：谨慎持家，绵延子嗣。她共哺育了十二个孩子，可是对别人她总是说她有八个孩子，那八个都是儿子。那四个女儿，她不是不疼爱，但是她的意识里，女孩子以后都是要嫁人，冠上别人的姓氏，就不能算作是张家的人了。她给女儿们做表率，言传身教，用旧社会女子必须要遵守的一套规矩来训诫女儿们。

张父是个很有家国情怀的人，他在刚娶妻子进门时候，便作了一副对联，表达了对国家昌盛的美好期望。他用其中的“嘉国邦明”四个字为以后的子孙排好了辈分。他在给孩子们取名字时，第一个字“嘉”已经确定了，对后面一个字，张父用意颇讲究。大儿子，父亲取名为“保”，因为是第一个孩子，父亲很珍惜，取这个名字，有看守住、保护着不让其受损害或丧失的含义。第二个儿子，张父取名为“森”，表达了父亲希望他的人生“庄严”和“高贵”。父亲给张幼仪取名“嘉玢”。“玢”为美玉，也是代指一种美好的品德。在一次旅行归来时，父亲还特意为张幼仪一个人带回了一枚在阳光下晶莹剔透的玢玉别针。而小名“幼仪”，则代表着要她成长为一个心地善良而又仪态端庄的人。父亲和母亲一样，都希望自己的女儿在他们设定好的框架里，循规蹈矩地生长，出落成为一个贤良淑德、谦恭忍让的大家闺秀。

02 家有小女初长成

张幼仪的母亲温柔端庄，她的一生把丈夫和这个家庭当作自己的唯一。她自己就是一个纯粹的旧式女人。她引以为骄傲的是她那一双“三寸金莲”。她对自己的小脚呵护备至，每晚在临睡前，都会花上很长的时间，用加了香料的热水泡脚，然后再用被香料熏过的干净裹脚布，将自己的小脚一层层地包裹出一个新月的形状。由于小脚的限制，母亲不能出远门，她也从不想着出去。闲来无事，她会在庭院里走动。小脚女人走路的样子真的很奇怪，因为使用脚跟走路，重心不容易稳定，走路的时候必须要非常谨慎，上身僵直不动，而腰肢则随着脚步的变化而款摆起来，两个尖细的绣花鞋尖从裙摆底部若隐若现，婀娜生姿。据说这样走路可以使腰髋部得到很好的锻炼，臀部大的女子都很能生养的。至少在母亲看来确实如此，从她身上似乎得到验证。

张幼仪曾经很羡慕母亲袅娜的姿态，但是年幼的她根本不知道母亲这样的体态，却要遭受怎样的苦楚。

小脚之好，自古有之。中国男人较喜欢纤柔的女子，女人的纤柔一是体现在细软的腰肢，另一个就是体现在玲珑的小足上。缠足完全地改变了女子的步态，也改变了女子的风采，那种极拘谨纤婉的步态，使整个人的身躯显得弱不禁风，摇摇欲坠，以产生楚楚可怜的感觉。这种感觉，膨胀了封建士大夫的自身优越感。缠足形成一种风尚，也蕴含着道德约束，缠足成了女人之殇，是摧残妇女身心的一种残酷的方式。那些缠足的小脚女人，根本不能自由的行动，这样有利于把妇女禁锢在闺阁之中，对她们的活动范围加以严格的限制，以符合“三从四德”的礼教，从而达到按男子的欲念独占其贞身的目的。这其实是男权社会中虚伪士大夫的阴暗心理和病态情趣。

张幼仪的母亲遵从了“无才便是德”的古训，她虽然识字不多，但那个年代的大家闺秀从小就会接受一些最简单和基础的教育，以提高其相夫教子、治家理财的才能。母亲读过汉代班昭所著的《女诫》，她非常赞同其中说到的“阴阳殊性，男女异行。阳以刚为德，阴以柔为用。男以强为贵，女以弱为美。”她决定在适当的时候，也给张幼仪裹脚。

缠足，对女孩子来说是一个大事情，时间的选择很重要。如果女孩子年龄太小了还没有学会走路，便不能裹脚，那会使孩子永远不会走路。而若超过年龄，骨骼成型后再裹脚，不仅难度大，孩子还会遭受更大的痛苦。在张幼仪三岁那年的灶神节，也就是腊月二十三这一天，一大早，张幼仪被阿嬷（保姆）叫醒，看到阿嬷手里端着一碗热乎乎的红豆馅汤圆，她很高兴地吃了一颗，甜软香糯。她只以为今天是灶神节，一大早才会吃到这么好吃的汤圆，殊不知道今天是母亲特意挑选给她开始裹脚的日子。人们毫无根据地认为，吃过糯米汤圆后，骨骼也能变软，相对比较容易裹脚了。吃了汤圆，阿嬷端来一盆热水，将张幼仪那双小脚放在水里浸泡，小幼仪还感很奇怪，为什么会在一大早洗脚，通常都是晚上睡觉前洗脚啊。可接下来的事情是她一辈子都无法忘记的。

阿嬷将张幼仪泡得粉嫩柔软的小脚擦干，将除了拇指以外的四个脚趾尽量弯曲，往脚底靠拢，捏紧后，用打湿的布条一层层地缠住。阿嬷的力气很大，张幼仪感觉到脚在没有一点点弹性的湿布条里缩成了一条小虫子。开始是麻木的感觉，一会儿就变成了锥心的疼痛，张幼仪尖声地哭叫了起来。阿嬷见怪不怪地数落张幼仪道："有什么好哭的，每个小丫头都要裹脚的。"母亲在一旁也没有表示心疼，她只是轻轻安抚张幼仪，告诉她，每个女孩子都要经历这一关，张幼仪的大姐也是这样的。

母亲知道第一次缠脚时孩子会很痛苦，也会感到很害怕，为了转移张幼仪的注意力，她将张幼仪带到最热闹的厨房去，让张幼仪想吃什么就告诉厨师。可是幼小的孩子被缠足的痛苦折磨着，根本没有心思去琢磨吃什么。她只是不断尖声哭叫着，特别是听到厨师手起刀落剁鸡骨头的声音，她恐惧地联想到，自己的脚骨头在布条里也一定是被折断了，不然不会这么疼。

张幼仪缠足的第一天，几乎一整天都是在尖声哭叫，整个大宅子都能听到。母亲在旁边娓娓劝慰她，说的却是小孩子都不懂的话题。她告诉张幼仪，不能这么大声地哭叫，否则被别人听去了，人家会笑话她是不听话的孩子。未来的公婆在选儿媳时候，会打听她缠足时候乖不乖，如果缠足的时候非常闹腾，那么表示她的性格不好，未来的公婆就会考虑要不要把她娶进门。如果缠足的时候表现很乖巧，小脚的形状缠得足够漂亮的话，那么未来的婆家会很满意，认为这个女孩是个性情平和温顺的大家闺秀。所以，乖乖地缠了小脚，以后才能找到一个好婆家。张幼仪懵懂中意识到这应该是一件很重要的事情，抽噎着告诉母亲，让家里人都不要说出去，以后别人不会知道自己哭叫的事情。母亲反驳道："那怎么可以呢，灶王爷看着你呢，他会告诉玉皇大帝，以后镇子上的每个人都会知道你在缠足的时候很不乖，你就会嫁不出去，成为张家的耻辱。"

张幼仪自懂事以来，一直乖巧可爱，可是缠足的疼痛让她再也不能做一个乖女孩。接下来的三天里，她每天都要忍受小孩子无法忍受的痛苦：晚上阿嬷拆掉血淋淋的布条，让她的脚泡在热水里，舒缓筋骨，然后再一次重复着将脚裹得更紧。她认为自己是无法捱过这种疼痛了，担心自己是不是会死掉。由于疼痛和恐惧，她每天持续地尖叫，开始父亲和哥哥们还过来安慰自己，见她无论如何也不能安静下来，又都无奈地离开了。

到了第四天早晨，张幼仪嘶哑的嗓子还在嚎叫着，房门忽然被推开，二哥张嘉森冲了进来，正色地对母亲说："妈妈，妹妹太痛苦了，请不要再为她缠脚了吧。"母亲悠然叹息道："我也很舍不得，但是如果我现在不为她缠脚，幼仪长大会恨我的，哪个好人家会娶一个大脚的女人做媳妇呢！"十七岁的二哥正在接受新式教育，满脑子的新思想，他告诉母亲，现在已经不兴缠脚了。母亲还是犹豫着，为女儿的前程担心。二哥眼神坚定，直视母亲，一字一顿地说："如果以后没有人娶幼仪，我会照顾妹妹一辈子。"二哥自小就是一个有信义的人，父亲也非常器重他。挣扎在旧道德束缚和怜女情感之间的母亲，听信了儿子的话，毅然决定放弃了为幼仪裹脚，张幼仪由此成了家里第一个没有裹小脚的女孩。

03 一段轻缓的时光

童年时期除了裹脚这件惨痛的事情让张幼仪惊惧之外，她生活的环境还是很不错的。

阿嬷虽然总是说家里的女孩子是“外人”，迟早要嫁出去，并且为张幼仪不肯缠足很是担心，埋怨会嫁不到好婆家，但还是很喜欢乖巧的幼仪。每晚睡觉前，张幼仪总是缠着阿嬷，要听她说那些不知道从哪里学来的神话故事。阿嬷在心情好的时候，会说到月亮上住着两姐妹，这对姐妹长得很漂亮，每当有月亮的夜晚，地上的人总是盯着她们看，所以她们觉得很不好意思。当两姐妹害羞地躲了起来的时候，那天晚上就会没有月亮啦。说到这里时候，幼仪总要阿嬷去看看，天空中是否有月亮。她喜欢听阿嬷描述月亮里的姐妹姿容秀丽、裙裾飞扬，在对她们美丽的遐想中沉沉睡去。

母亲也给家里的女孩子们讲故事，她经常说的都是《女儿经》《孝经》里的故事，张幼仪也一样喜欢听，不过，总是觉得故事里的人傻得可爱。比如有个叫黄香的孩子，对父亲很孝顺，炎热时他拿扇子给父亲扇凉，寒冷时替父亲把被窝暖热。她最喜欢听的是孟宗哭竹生笋的故事：孟宗母亲年老病重，医生嘱用鲜竹笋做汤。适值严冬，没有鲜笋，孟宗无计可施，独自一人跑到竹林里，扶竹哭泣。少顷，他忽然听到地裂声，只见地上长出数茎嫩笋。孟宗采回做汤，母亲喝了后果然病愈。张幼仪默默记住了，一直到后来都能想起小时候听过的这些故事。

母亲不仅教育她们要孝顺长辈，更是要她们牢记的是孝道第一条：身体发肤，受之父母，不得毁伤。母亲告诫她们，人生中经受再大磨难和委屈，一定不能有轻生的念头，那是对父母极其的不孝顺。母亲还说了一条训诫：在以后的人生中，做任何的决定时，一定要和父母商量，必须得到他们的许可才可以实施。这些道理，张幼仪牢记在心，并形成了她后来的生活观念，如果没有这种观念的支撑，也许就没有后来的张幼仪了。

很显然，张幼仪的母亲是个非常明智的妇人，她深知那个年代的女性并不能掌握自己的命运，她只能给她们传授一些道理，希望在今后漫长的人生中，女儿们能顾自己的周全。这些，对张幼仪的影响很深刻，直到晚年，张幼仪对侄孙女张邦梅（《小脚与西服——张幼仪与徐志摩的家变》一书作者）回忆往事，曾认真地告诉她说："我要你记住一件事：在中国，女人家是一文不值的。她出生以后，得听父亲的话；结婚以后，得服从丈夫；

守寡以后，又得顺着儿子。”由此可见，张幼仪儿时所受传统教育熏陶之深。

张幼仪的父亲是一位医生，在镇中心开了一间诊疗室，给镇上的百姓治病。他看病不收诊金，只是为了让病人有个心理安慰，才在诊室外面放一个捐献箱，随意放多少钱或者放不放钱都无所谓。而那个捐献箱也似乎从来没有装满过，那些被张父治愈的病人们，觉得银钱绝对不能表达他们对张医生的尊重。他们打听到张医生对饮食异常的挑剔，就会带一些自家酿造的甜酒、用白米精心喂养的鸡鸭和时鲜菜蔬来。后来，他们又打听到张医生很喜欢字画，那些感恩张医生妙手仁心的人，便会送些字画来作为谢礼。

父亲很喜欢这些字画，将那些字画收在他卧室的一个桃花心木的大柜子里，轻易不拿出来。家里的孩子，他只允许张幼仪和八弟两个人定期给那些字画掸尘。他们用一个小鸡毛掸子，小心翼翼地拂去画轴上的灰尘。闲暇时，父亲会取一两幅出来，摊在一个专供赏画的矮几上。这个时候的父亲兴致很高，会跟幼仪和八弟说一些欣赏字画的技巧。他说到了中国画的透视法与西洋画不同，西洋画是挂在墙上观赏，而中国画要摊在几案上把玩，要居高临下地欣赏，才能品出其中的味道。

父亲还经常会就着一幅画，从字画的欣赏说到画家的轶事。

张幼仪比较喜欢听那些带有点神话色彩的小故事，比如梁代画家张僧繇“画龙点睛”的典故。张僧繇画龙不画眼睛，说只要画上眼睛，龙就会飞走，大家笑话他是个疯子，于是他提笔给龙点上眼睛，立刻乌云滚滚，电闪雷鸣，蛟龙腾空而起，人们惊得目瞪口呆。父亲绘声绘色地讲着这些故事，张幼仪经常为故事情节所打动。

虽说张家教育女孩子的方式非常严格和守旧，但是幸运的是，在这个富裕的家庭里，张幼仪不仅有着衣食无忧的童年，还能有机会接受启蒙教育和艺术熏陶。

在张家，二哥张嘉森和张幼仪最亲近，也喜欢把自己在新式学堂里接触到的一些新思想说给张幼仪听。

二哥很有民族气节，对于清政府的懦弱导致国家的衰败，他非常痛心。他和张幼仪谈到这些时，张幼仪根本不懂。于是二哥拿出一个瓜，用刀将西瓜一切两半，他告诉张幼仪，我们的国家，即将被西方列强瓜分了。他将其中的一半举起来告诉张幼仪，这一半中国的领土，已经被外国人据为己有了，包括他们居住的上海，也是沦为外国人的“租界”，外国人用他们国家的法律和风俗，来统治着占领的地区，他们奴役中国人并从中牟取利益。二哥用勺子挖了一大块瓜瓤出来说：“这是清政府将满洲和旅顺让给了俄国。”又挖出一大勺说：“这是将香港让给了英国。”她看着二哥将瓜瓤一块一块地挖了出来，每挖一勺，二哥就说代表着一块被外国人侵占的领土。

她也从二哥那里了解到，中国人并不都是软弱的，义和团就敢于奋不顾身起义，置性命于不顾，用血肉之躯来抵抗洋枪洋炮。虽然他们迷信中国的吐纳功夫可以刀枪不入而带来了可怜可叹的结局，但是他们的反抗精神却得到二哥的敬佩。

二哥带来的新信息，是张幼仪从来不知道的世界。这让张幼仪明白了，在她生长的温室外，还有着那么多的艰辛和苦难。

从父母那里，张幼仪学到的是传统的保守的旧文化；而从二哥这里，她得到了新思潮的启迪。她出生在一个动荡的年代，新旧思想激烈碰撞，交替发生着影响，让张幼仪同时具备两副耳朵：一副听从旧观念，一副聆听新言论。在她的思维中，有一部分停留在东方，另一部分眺望西方。她同时具备女性的内在气质，也拥有男性坚忍大度的气概。这些经历无一不影响着她成年以后的生活。

04 轿子风波

在张家的大宅子里，三代同堂，外人看起来和睦友爱。但是，中国旧社会的大家庭，情况常常是很复杂的，张家也不例外。祖母理所当然是整个宅子里最受尊敬的人，但是她的身份有些微妙，她是张幼仪父亲的亲生母亲，却只是张家的偏房太太。张幼仪的大伯父是祖父的正房大太太所生，可是大太太去世的很早，经祖父安排，在大伯父的认可下，张幼仪的祖母执掌了整个张家。她虽然有心偏袒亲生儿子，但为了不被大伯父他们说闲话，祖母做到了公正无私。大伯父作为张家的长子，家里的大小事务，祖母总是要跟他们商量解决。

大伯父一家总是有意无意显示出张家大房的尊贵地位，对张幼仪父亲时常不以为然地睥睨轻视，这使得弟兄两家一直心存芥蒂。

也许是医生对膳食营养关注的职业习惯，张幼仪父亲对饮食的挑剔程度到了让人咋舌的地步。他不和大院里所有人共用膳食，单独有自己的厨房和伙夫。每天早饭时间，张幼仪父亲的厨师会排队站在院子里，告诉他今天采购到了哪些食材。父亲会逐一告诉他们今天要吃些什么，并叮嘱厨师一定要注意的细节，比如烧制时的火候，摆盘时的造型，甚至强调了夹在筷上的分量、嚼在口里的感觉。他还经常喜欢在厨房指点厨师们做菜，他在忙的时候，还要张幼仪的母亲盯着厨房的工作。这点让大伯父他们很是看不惯，他们暗地嘲笑男人进厨房是很不体面的。

张幼仪的父亲是个自尊心极强且敏感的人，面对来自大伯父那房的轻视，他选择了尽量忍让克制，都是为了维护家族的体面。除了重大的节日，整个张家人必须要聚在一起的日子外，父亲从不和大伯父他们相互来往。他对子女们的管教也很严格，希望子女们都能无愧于“嘉国邦明”的理想。

张家的几个孩子，也确实很替父亲长脸，特别是二哥张嘉森和四哥张嘉璈。他们从小都在新式学堂里接受教育，后来又出国读书，学习非常努力认真。后来他们两人一个成为颇有影响力的哲学家和政治家，另一个成了中国银行总经理、铁道部部长。

张家最早有成绩的是大哥张嘉保。大哥虽然从小受的是传统的思想教育，但是并没有走“学而优则仕”的中国文化人的老路子，而是投资办实业，创办了一个棉籽油厂。他的性格和父亲一样自尊敏感，极要面子。偏偏这么要面子的人，却遭受了一场奇耻大辱。这场事件，甚至影响到家庭的未来。

大哥经营的压榨棉籽油的工厂，属于传统的手工业，基本没有什么机械化程度，全部要依靠有经验的熟练工人操作。经营了几年，状况一直不错。大哥对工人也很慷慨，每年年终快放假前，结清了一年的账目，在腊月十六日那一天，大哥都会备下丰盛的酒菜来犒劳辛苦了一年的工人们。而这一年日子却不好过了，好几个技术熟练的工人都被洋人办的企业高薪挖走了，工厂没了效率，陷入了亏损状态。大哥也整天为工厂的事情忧心忡忡，干什么都没有心思。腊八这天，整个张家的人按惯例一起喝腊八粥，大哥却不小心将他的碗打碎了。摔坏饭碗，按迷信的说法意味着以后就要受穷，这可真是个不好的兆头，结合他最近工厂里的变故，大家都隐隐地替大哥担心起来。可倔强的大哥让人将那只碗补好，整整一个腊月都在用那个摔坏后被粘起来的碗吃饭，这让一贯和他不和的大堂哥嘲笑了好几次。

正月初二，张家大宅发生了一起失窃案。被盗的是张幼仪大堂嫂的首饰。大堂嫂起夜的时候，忽然惊觉自己放首饰的柜门大开着，里面的首饰盒不翼而飞。那些首饰张幼仪见过的，同样是大户人家出身的大堂嫂的嫁妆都是一些非常有价值的珠宝。大堂嫂惊慌地大叫了起来，大家都是从睡梦中被惊醒的。整个大宅子都搜索了一遍，一无所获。有佣人说看到一个黑影从张幼仪家的屋顶跑过，全家人又都跑到张幼仪家院里，将每个角落都翻遍了，可还是没有发现贼的影踪。

世事变化无常，还没过完春节，那几个工人感念张嘉保素年来的厚待，纷纷来找到张嘉保，希望回来继续帮张嘉保干活。张嘉保又接到一笔意外的大订单，年还没过完，就开工了，生意立刻又红火了起来。大哥很快就渡过了难关，全家人也为大哥的转机开心不已。而不成想，却有几双猜忌的眼睛在暗中盯着张幼仪的大哥。大堂哥一家都觉得大哥的转机来得太突然。联想到失窃的那晚，佣人们说在张幼仪家的院里看到黑影跑过，大堂嫂断定,大哥一定就是偷珠宝的“贼”。虽然口头没有说出来，但是猜忌一旦在心里萌芽，心态便被扭曲了。大堂哥一家摆出了和这边不来往的姿态来：不再和张幼仪家人说一句话，也不让小孩子们过来和张幼仪他们玩耍了。

大哥隐隐约约感到了来自大堂哥的刻意疏远，他本来还以为是因为他事业成功，嫉妒心导致大堂哥一家的态度变化。直到有一天，他从大堂哥门口经过，清清楚楚地听到大堂嫂的母亲说“那个贼来了”，大哥这才明白，原来，大堂哥一家把偷窃珠宝的罪名，加到了他的头上。大哥并没有反驳，而是默默地低头离开了。但是这句话恰好也被张幼仪的母亲听到，她深知这句话带给儿子的伤害，也知道张幼仪的父亲绝对不会让任何人践踏他们家人的名誉。

张幼仪父亲听说了此事，气愤异常。毅然决定放弃祖产，离开这个惹不起的伯父一家，离开这个让他儿子蒙受不白之冤的张家大宅。

直到十年后，这个珠宝失窃案才真相大白。祖母的厨师无意听到儿子跟别人吹嘘自己当年发了一笔横财，质问后他了解到是自己的儿子当年入室盗窃了大堂嫂的珠宝。厨师对祖母忠心耿耿，逼自己儿子来到张家说明了事情的真相。原来，是厨师的儿子盗窃了珠宝，被发现后慌不择路，躲在了张家珍藏的轿子里，当晚慌乱的人们没有想到去轿子里查找，他才得以逃脱。

这两顶象征着张家光耀门楣的轿子，是张家祖上的荣光。家里只有嫡出的长子才有机会继承这两顶轿子。想当年大堂哥用其中的一顶轿子迎娶大堂嫂的盛况，宝山镇的人还记忆犹新。而张幼仪的家，却间接因为这顶轿子蒙受了十年的不白之冤。

虽然罪名被洗刷，张幼仪家和大伯父家的嫌隙已经无法弥合。张家经过了最艰难的十年，在海外求学的儿子们得不到家里的更多资助，生活得异常辛苦。特别是大哥张嘉保不仅背负着莫名的冤屈，还为一家人的落魄而自责，为了逃避良心的不安，他开始以吸食鸦片来麻痹自己，渐渐沉迷到鸦片带给他的虚无世界里去了，从此一蹶不振。这种种经历让张幼仪的父亲再也不会原谅张家大宅里的伯父一家。

对张幼仪来说，意味着在宝山的无忧时光，已经一去不复返了。

第二章 理想——被折断的羽翼

01 - 自立门户

02 - 对学习的渴望

03 - 被婚约禁锢的灵魂

04 - 无法逃避的宿命

01 自立门户

中国旧时人把尊严当作生命一样来维护，张幼仪的父亲也不例外。他在儿子遭受了莫名的诬陷后，毅然决定搬离张家大宅。他将这个决定告诉了自己的母亲，祖母听了非常舍不得。在张家的子孙中，她对张幼仪的父亲最好，不仅因为张幼仪的父亲是她的亲生儿子，还因为张幼仪的母亲为张家生育了八个儿子，在老人家的心目中，人丁兴旺是一个家族的福气。她平日里对几个孙子都非常疼爱，特别是张幼仪和八弟，他们两个因为乖巧懂事，经常会有机会留在祖母的房间里陪同祖母吃饭，祖母对他俩的偏爱，张家大宅里谁都能看出来。

尽管难过，祖母还是同意了张幼仪父亲的做法，只是为了维持张家的体面，祖母依然留在了张家大宅。

新年还没有过完，张幼仪的父亲带着一家人，搬离了宝山，来到几十里外的南翔，在一个小院里定居下来。由于尊严受到玷污，要强的父亲在离开宝山的时候，没有带走张家祖上留下的的任何东西，甚至放弃了张幼仪家应该得到的那份家产和每月的田产租金。到了南翔，他们一家人没有任何生活来源，一时陷入了窘境。用张幼仪的话说："我们变穷了。"

以前在宝山住的是有着两个院子的大合院，一处作为府邸，一处闲居，还有一间开着八扇桃花心木门的前厅，家里很宽敞。而南翔的新家相比较小了很多，好在这座房子的旧主人大概是个风雅之士，院子虽然小，布局却很有意境。他在院子里挖了一个池塘，里面种满荷花。并在池塘中间造了一座船屋，每当夏天荷花盛开的时候，这里就作为纳凉喝茶赏景的好处所。这个景致让孩子们雀跃不已，完全忽视了新旧家的对比，因为新鲜的原因，反而更喜欢新家了。

张幼仪家从宝山搬过来共十七口人。由于新家不够宽敞，安顿了大人后，未成年的孩子竟然就没有地方住了。于是大人就把船屋当作了孩子的房间，分成三个隔间，一间给男孩子住，一间给女孩子，还有一间，给教书的先生住。

住的问题解决了，但一大家十几口人的生活负担，让张幼仪的父亲一筹莫展。他从小锦衣玉食，是一个从来没有为衣食发愁的人，一气之下来到这个陌生的地方，没有了张家大宅的资助，他一时竟不知道如何来解决家人的吃饭问题。

他们搬离宝山的时候，正值新年的尾声，当地的风俗是要大肆地庆祝一下的。往年在张家的大宅里，在这个时候，总是在屋檐下挂满了咸鱼和火腿，厨房里白米、食用油准备得足足的，在瓮里装满了钱币，就是要取个丰衣足食的彩头。而今年，刚搬到南翔，什么都没有准备，在新年的喜庆气氛映衬下，显得格外凄凉。

而事情的转机出人意料，所谓“行到水穷处，坐看云起时”，在张幼仪家搬到南翔的第二天傍晚，忽然有人急促地拍打着张家的大门，大声问张幼仪的父亲是不是医生。原来是隔壁人家的主人忽然得了急症，情况危急，听说新搬来的张家男主人是个有名的医生，便赶紧过来请求出诊。张幼仪的父亲听明了情况，顾不得新年里各个行当都不营业的老传统，赶紧收拾了药箱就随那家的佣人一道过去了。父亲的医术确实是很高明的，成功地救治了急症病人，几个钟头后，父亲回到了家里，让母亲把全家都召集到了一起，得意洋洋地从口袋里拿出了四个银元交给了母亲，告诉孩子们这是病人家里感谢的酬金，当时全家人都开心不已。母亲用两个银元置办了一些年货，用春联和灯笼将小院装点得红红火火。另外的一半，购买了生活必需品。有了这第一笔的收入，家里至少可以像样地庆祝一下新年了。

张幼仪的父亲曾是宝山远近闻名的张大夫，得到他救治的病人非常多。在宝山，父亲为病人看病都是义诊，从不收取费用，大家都知道张大夫是个无私且有责任心的好大夫。在听说了张家的变故后，没有人怀疑张幼仪父亲教育出的孩子会犯那样的错误。人们同情张幼仪家的变故，还因为十分信任他的医术，再加上南翔离宝山并不是很远，宝山的一些人生病了，依然要找到南翔来请张大夫诊治。刚开始，张幼仪父亲还是跟以前那样不收取诊金，但大家知道张家目前的处境，非常愿意帮助张大夫一家，在看过病后，都会坚持付诊金。迫于生活的压力，张幼仪父亲也逐渐接受了大家的好意，在家里正式开了一个诊所，为前来就诊的病人们看病。一大家子人就依靠父亲的诊金过日子。

父亲整日里从不多说一句话，且易怒，张幼仪觉得这段时间是父亲一生中最难捱的时期：一方面因为维持自己的尊严，让张幼仪一家人陷入了困苦的生活状况；另一方面还纠结在破坏了张家大宅美满大家庭的自责里，这让他一直很沉闷。父亲搬到南翔后在家里经济状况非常糟糕的情况下，非常担心在日本留学的二哥和四哥。当时，二哥张嘉森在日本的早稻田大学专修法律和政治，四哥张嘉璈在日本的庆应大学攻读财经。本来以张家大宅的财力，供养儿子们留学完全没有问题，可自从搬到了南翔，全家都靠着父亲那一点诊金过日子后，再没有多余的钱可以供应在国外读书的儿子们了。

张幼仪的父亲那些年非常辛苦，不仅每天都要在诊所里从早忙到晚，心里还承受着因为离开张家大宅导致的情绪压力，他将这一切隐忍着，从不说出来。母亲看着父亲整日愁眉不展，以及因为生活压力而日渐憔悴的面容，心里十分的不忍，她劝说父亲，解开心里的结，原谅大堂哥一家的过错，毕竟他是晚辈。和大伯父一大家人不和睦，会让作为一家之长的祖母为难。而父亲固执地认为，孩子的过错是父母没有教育好，大堂兄做出这样的事情，大伯父也有着不可推卸的责任。父亲不肯听母亲的劝慰。

张幼仪当时只有七岁，懂事的她看得出父亲为保持尊严所做出的改变。父亲的思想和性格给了张幼仪很大的影响。张幼仪非常佩服自己的父亲，觉得自己也应该像父亲那样，无论处于何种境地，都要极力维护自己的尊严。在张幼仪一生中最艰难的时刻，在与徐志摩的那段不堪的婚姻中，虽然无端地遭到徐志摩的百般嫌弃，张幼仪依然保持着自己的尊严，决然地放弃了这段婚姻；在举目无亲的德国，带着幼小的孩子，她亦是选择了坚强而有尊严地生活着；在中国这个以男性为主的社会，她凭借自己的聪慧与毅力，活出了女性的尊严，这些便是从家教中受益的。

张幼仪家在南翔，已经不再有宝山那样优渥的生活条件了，宝山的家里连做鞋都有着专门的佣人，而到了南翔，家里已经请不起厨师和佣人，生活的琐事都要自己亲自去做。以至于给这么多孩子做衣服，已经是一笔必须要缩减的开销了。新年里要带着孩子去给外公外婆拜年，懂得勤俭持家的母亲给孩子们做了两套体面的衣服，一套宝蓝色的男孩衣服，一套红色的女孩衣服。在接下来的几年里，谁能穿下这两套衣服，谁就和妈妈一起去给外公外婆拜年。第一年，是张幼仪和六弟能陪母亲去拜年。

张幼仪的外公是一位喜欢钻研儒家经典的文人。平日里除了教授当地的小孩子学习国学外，就是在书房里静思钻研。外婆非常亲切，是一位传统贤惠的中国女性，她遵从外公的生活习惯，过着朴素的生活。他们两人从不吃大荤，也不穿绫罗绸缎，他们互相陪伴，过着平静安详的晚年。

张幼仪的外公和祖父两家是至交，宝山的张家大宅，就是外公卖给张家的。张幼仪的母亲比父亲大两岁，在张幼仪父亲还没有出世的时候，两家就有了约定：如果生的是男孩，就让两个孩子结为夫妻。当地流传一句俗语“妻大二，米铺地”。如果不是因为那次张家大宅的盗窃事件，张幼仪一家，确实像老人们预期的那样，生活得富足美满。

那时候，嫁出门的女儿是不便总回到娘家的。难得回到家一次，总是会跟父母说些好的事情，让他们放心，这也是为人子女必须要遵守的孝道。张幼仪没有想到，母亲会将家里的事情跟外公外婆说，和他们说了搬离宝山，并说到了搬离的原因。外公和外婆并不知道张家的变故，忽然得知他们现在的困顿处境，不禁焦急了起来。外婆急得没有休息好，头晕病也犯了。

饱读诗书的外公从儒家的“五常”说起，强调人与人之间相互亲爱，尽管大堂哥一家犯了极大的错误，但张幼仪的父亲应该做到宽厚仁爱。外公外婆再三叮嘱母亲，作为张家的儿媳妇，一定要尽力弥合当下的嫌隙，多劝慰自己的丈夫，要做到家庭和睦，和兄弟尽释前嫌，不让祖母为此事烦扰，才是最大的孝顺。

从外公外婆家回来后，张幼仪的母亲就将自己父母的说法告诉了父亲。父亲虽然很感谢岳父岳母的明理通达，但是从内心还是无法做到原谅大伯父一家。他反驳母亲的理由，也是用孔子的说法：男人是家庭的榜样。他的观念认为，诬赖他的儿子偷东西，就等于是在侮辱他本人。而大堂哥的糊涂做法，也是因为大伯父没有管教好的原因。母亲劝父亲不要老是抱着这些想法，也应该考虑到外界的看法，以及祖母的感受，他便不再听母亲的劝慰，转身离开了。

接下来的几天，父亲一直都闷在自己的房间里，不大出来。其实，母亲说的话对父亲也是有一定的影响。特别是母亲转述外公的意思，说到要用仁爱之心来对待家人。让父亲想到了《尧典》：尧帝先教化自己，成为家人模范，使家人和睦相处；再和家人共同治理自己国内的人民，使民智大开；最后又和这些人民统一天下无数邦国，使所有民众都获得改造，结果是四海升平。潜意识里，父亲也是感到羞愧，虽然责任并不在父亲，但确实是造成了张家的离散，给祖母带来了一些伤感。

父亲终于走出了房门，把全家人召集到了一起，看着父亲慎重的表情，张幼仪明显感觉到父亲一定是做了什么重大的决定。果然，父亲郑重地告诉全家人，以后遇到重大的节日，他会带着家人回去给祖母请安，也会和张家大宅里的人一起参加祭祖仪式。但是并不搬回宝山，全家继续在南翔过自己的日子。说过这一番话，父亲的眉头终于舒展开来，母亲也宽慰地笑了。

几个月后，父亲也兑现了自己的承诺，带着一家人回到宝山的大宅探望张幼仪的祖母。那一刻，祖母真的是非常高兴，用欣喜和赞许的眼神看着父亲和母亲。在她的眼里，如果因为一些误会而导致张家的离散，就是她这个当家的祖母没有管理好这个家庭，在宗祠里，无法对列祖列宗做交代。在误会还没有澄清的头几年，虽然大伯父一家对大哥的态度还是满脸的鄙夷和不屑，父亲已经不会再跟他们计较了。

父亲的隐忍成全了张家的体面，最起码张家没有散。即使是张幼仪家没有搬回张家大宅，但每逢重大的节庆日，一家人还是都能聚集到一起。父亲一直很感谢母亲的努力，化解了自己心中的愤怒，才让这个大家庭依然维持着完整的状态。

年幼的张幼仪也觉得母亲很伟大，用自己的耐心和智慧，把解决家庭的矛盾当作自己的责任，尽可能地用宽厚与仁慈去包容犯了过错的人。这养成了张幼仪宁静平和的性情，她在与徐志摩的婚姻结束后，依然被徐志摩的父母当作是徐家主心骨，大事小事都还是要同她商量着解决。

02 对学习的渴望

自隋朝建立科举制度以来，中国的旧士子们把科举考试作为实现人生理想的唯一出路，但凡有一定条件的家庭，都很重视后代的教育。接受传统旧思想的张幼仪的父亲自然也是十分重视家里孩子的教育，他不仅让孩子们从小就接受传统国学教育，还很注重孩子们接受西方思想的教育。比如张幼仪的二哥张嘉森和四哥张嘉璈在完成了童年的启蒙教育后，父亲将他俩送入上海广方言馆分别学习德文和法文，为他们今后出国留学打好语言基础。

二哥和四哥虽然曾经过的是衣食无忧的少爷生活，但在父母的教导下，他们两个也成长为非常有毅力和尊严的孩子。在搬离宝山，再无法提供经济资助的那些日子里，张幼仪的二哥和四哥在国外留学的日子过得非常艰难，兄弟俩没有因为突然的变故而中断学业。手头拮据时，他们购买生活必需品会非常节省。买来一条毛巾裁成两块，兄弟俩一人用一块，轻易不更换，直到不能用了为止；不仅生活用品买不起，他们连学习资料都买不起了。他们常常把两个人的钱凑在一起，买一本必需的书回来，用最快的速度摘抄下他们需要的内容，再保持书本完好如新的状态下，把书退回书店，然后再购进另一本书。他们在国外的每一天都在刻苦努力地学习，最终二哥张嘉森成了国内知名的哲学家，还曾被新加坡首任总理邀请，前去协助成立政府。四哥张嘉璈成了一名银行家，在他去世后，他曾任教的斯坦福大学将胡佛研究所的一间阅览室题献给了他。他们都是那个时期的著名人物。他们两人不仅成就了自己，还给张家所有的后辈们做了一个榜样，更是给张家的门楣增添了光彩。张幼仪后来的成就也是与两位哥哥的鼎力支持是分不开的。

在张家，无论是父亲还是儿子，对学习是一点都不懈怠的。张幼仪的父亲在诊所刚有了稳定收入后，立刻请来一位教书先生，给孩子们进行启蒙教育。不过，接受教育的对象是家里的儿子们。张幼仪每天都会端着早饭和母亲一起送到先生那里，等先生用过早餐后，家里的男孩子便沿着一个长条桌坐成一排，认真地听老师上课。张幼仪每每在厨房忙碌着的时候，听着从船屋里传来的朗朗读书声，心里十分的渴望也能和他们坐在一起学习。

虽然父亲并不反对家里的女孩子学习，但是张幼仪和她的姐妹们，通常都得帮助母亲在厨房里干活。偶尔厨房里不需要孩子帮忙，张幼仪和大姐也会静静地坐在长条桌旁，跟着老师学习。老师对女孩子没有过多的要求，只是让她们抄写一些儒家经典入门的书即可。而对待男孩子的学习非常严格，不仅要他们抄写文章，还要求他们把《论语》和《中庸》一字不落完整地背下来。为了能完成老师布置的作业，兄弟们每天都会大声地朗读课文，如果有的孩子试图心不在焉被老师察觉，老师会专门点名让他站起来背诵。

兄弟们每天应对的不是老师一个人的检查，父亲是一个非常认真的人，他并不因为有了家庭老师的教导，就完全放松对儿子们学业的监督。每天早晨起床时候，他都会叫来其中一个孩子在他床前背书，以一炷香时间为限，调皮的八弟有时候课文背得不熟，又怕被父亲察觉，为了早点结束背诵，他会趁父亲不在意的时候，偷偷对着那炷香吹气，好让它尽快燃尽。

母亲不会去检查儿子们的功课，但她尽到了看管的责任，家里孩子的言行稍有偏差，被母亲发现了，她也绝对不会姑息。还是在宝山的时候，张幼仪的二哥和四哥还在家里接受启蒙教育，虽然张家是诗书传家，但小男孩的天性是顽皮的，有一次母亲注意到两个孩子在厕所里待了好长时间都没出来，于是，她就在厕所外等候，竟然听到两人在厕所里掷骰子赌博的吵闹声，母亲立刻大声地责骂："你们在里面搞什么鬼，丢人不丢人啊，还不马上回去上课！”听到母亲的责骂，两个哥哥吓得赶紧跑回了课堂。母亲并没有就此饶过他们，而是将事情告诉了父亲，父亲也大为恼火，责骂了他们并且要惩罚他们跪着背诵 50 首诗，背不出就不允许吃饭。两个哥哥羞愧的不敢抬头辩驳，最后还是祖母出面来解救了两兄弟。

祖母和父母亲说到了“孟母三迁”的故事，她强调伟大的人不是天生的，就算是像孟子那样的圣人，也会因为受周围环境影响，有过顽劣的行为。孟母为了培养孩子良好的学习习惯，竟然三次搬家找一个适合孩子成长的好环境。年幼的孩子正处于好奇心旺盛的时期，顽皮一点也是正常的，不需要过于担心，重点在于父母亲今后的引导。这一番话点醒了母亲，兄弟俩一定是看到过母亲打麻将，所以才会有赌博的行为。从此后，母亲很少打麻将，就算偶尔有了应酬，也一定将孩子们统统赶到房间外，不让他们接触这些不好的行为。

家里小点的男孩子在经过最初的启蒙教育以后，也是和二哥四哥一样，被送去西式学堂接受新文化的教育。虽然五哥和六哥没有出国读书，但是在新式学堂里都学到了很多的新思想，什么“人人平等”“适者生存”，等等，他俩经常在家里辩论这些问题。每个人都能成为这个社会的主人，但并不是谁都可以轻易达到目标的，只有适应社会，才可以促进社会发展。说到激动处，两人声音很大。张幼仪会在旁边听着哥哥们的谈话，心里十分向往哥哥们说的那个人人平等的社会。

张幼仪最遗憾的是幼年时期没有能够接受系统的教育，只是跟着兄弟们后面，学了一点点基础的传统文化知识，都是关于道德培养的儒家初级经典；因为没有更多的时间去练习，张幼仪甚至写不出一手漂亮的毛笔字。她很羡慕家里的哥哥们能接受非常全面的教育，可是家里的经济条件很有限，张幼仪根本不可能有出去上学的机会。只是懵懵懂懂中，她意识到自己必须要像哥哥们那样去学习，掌握更多的知识，做一个掌握自己命运的人。

在张幼仪十岁那年，二哥和四哥从日本学成归来。那个年代出去留学的人并不多，所以他们回来后，很顺利找到了工作，给家里减轻了经济负担。

看着家里的条件渐渐变好了，张幼仪向母亲流露过想要上学的意愿，母亲并不赞成女孩子多读书，所以很明确地告诉了张幼仪，父亲不会专门为她请一个教书先生，也没有多余的钱给她出去上学。其实这不仅仅是父亲的意思，母亲打心眼儿里，也很排斥女孩子接受太多的教育。母亲认为，女孩子就应该像她那样，安静地待在家里，好好地学一些传统女人应该会的持家的东西，然后选一个好人家嫁了，这才是女人应该做的事情，而不是去上学。

张幼仪邻居家有一对姐妹，她们在上海的一所西式学堂里上学，每天都要起得很早，得赶上早班火车，才能准时到达学校。因为接受新式教育的熏陶，她们言行举止落落大方，晶亮的眼睛闪着智慧的光芒。张幼仪每每看到她们神采奕奕的身影，羡慕的同时不免十分的落寞。母亲却不喜欢这姐妹俩，曾经有媒人想将这两个姐妹介绍给张家的孩子，母亲一口回绝了，因为母亲实在看不惯两个姐妹穿的学校校服，在她看来，那种把脖子露出来的褐色衬衫和褐色的长裤，都是十分不雅的装束。女孩子断然不能将除脸和手以外的皮肤裸露在外面，那样是不合规矩的。

张幼仪并没有再跟母亲提到去上学的想法，但是，她和二哥说到自己的想法，并请已经工作的二哥，帮她留意有没有合适的上学的机会。二哥是一位思想开放,热情大方的理想主义者，和张幼仪的关系也最亲近，经常把一些张幼仪所接触不到的新信息、新知识讲给她听。他告诉张幼仪，不论外在的行为如何，人一定要尊重自己的内心，如果有了想学习的想法，就一定要坚持下去。他也希望妹妹能有机会接受到新式教育。

03 - 被婚约禁锢的灵魂

和二哥比起来，四哥显得更理智些。四哥在日本学的是经济学，经过多年在国外的历练，加之人又非常成熟稳重，回国以后，顺理成章地成了家里的除父母以外的当家人。四哥建议母亲，应该及早为家里的女孩子们筹划亲事，如能找到一个好的婆家，女孩子的一生便有了依靠了。母亲也十分赞成四哥的提议。于是母亲请了一个算命婆来家里，给家里最大的女儿测一下生辰八字。

张幼仪大姐十四岁，是家里最大的女孩子，中国讲究长幼有序，先给大姐说好婆家后，接下来的女儿们都会有个很好的归宿。母亲和大姐恭敬地坐在桌旁，听着算命婆对照大姐的生辰八字推算着，忽然，算命婆眉头皱了起来，神情越来越凝重，母亲和大姐都非常紧张，不知道她算出了什么，又不敢贸然地打断她，默默地过了好一会儿，算命婆面露担忧之色，和母亲说大姐在二十五岁之前，都不能嫁人，否则有克夫的可能。大姐已经稍微懂事了，一听说自己要等到二十五岁以后才能考虑婚事，心里难受极了。在当时，十几岁的女孩子一般都已经选定了婆家，二十五岁可就是老姑娘，再也没有好的婆家可供她挑选了。张幼仪看到大姐眼里含着泪水匆匆回到闺房，母亲陪着算命婆走了出来，看到站在院子里的张幼仪，就和算命婆说："那么就给二小姐留意一下吧。"

当时张幼仪才十岁，敏感早熟的她在得知自己将要早婚的命运后，心里隐隐有些恐惧，她的人生还没有开始，她还想着要去上学，可是这一切想法，都会随着她的早婚而成为泡影。好在由于她年纪尚小，一时还没有找到合适的人家。

1912 年，在张幼仪十二岁的那一年，母亲生了第十二个孩子。这也是张家的最后一个孩子，张幼仪最小的一个妹妹。母亲因为生产的时候身体受到严重的损伤，差点儿丢了性命。张幼仪因为没有缠脚行动自如，所以照顾四妹的任务，自然就落在了张幼仪的身上。她每天尽心尽力地照顾幼小的妹妹，给她喂饭，陪她玩耍。张幼仪在平静的日子里，心里一直没有放弃想上学的渴望。

在四妹半岁大的时候，有一天，张幼仪无意看到上海《申报》上的一则广告，让她兴奋不已。那是一所名为第二女子师范学校苏州女校的招生启事。这个女校是一所新式学校，所教授的都是西洋学科，学制是四年，头三年学习理论知识，第四年是实习，毕业后颁发小学教师师资证书。学校为了鼓励女子入学，收取的学费非常便宜，一个学期仅需五个银元，包括了食宿费、书本费、零用费，甚至还包括了假期往返的交通费。算一算这样的开支，张幼仪断定家里不会因为经济原因反对她上学了。

她向母亲提出了自己的想法，母亲稍作沉吟，立刻就问道，这个学校制服是什么样子的，是不是像邻居家女孩那样，露出脖子的那种。张幼仪老实地对母亲说，招生启事上没有提到校服的款式。随后母亲又说苏州那么远，她不放心一个女孩子离开家去异地求学。

面对来自母亲的阻力，张幼仪没有妥协，她打定主意无论如何也要为自己的理想争取到底。她先是说服了大姐陪她一起去苏州上学。张幼仪的大姐其实对学习知识并不感兴趣，她平日里在家都是按照母亲教导的那一套规矩行事，善于缝缝补补，哄长辈开心，还学会了打麻将，完全是母亲所希望的那种类型。之所以会同意和张幼仪一起去苏州女校，是因为她命中注定不能早婚，而出嫁前的这么多年，完全待在家里也太闷了，她是抱着换个环境散散心的想法答应与张幼仪一道去上学的提议。

既然大姐已经能够和张幼仪一道去上学，母亲便也没有多说什么了，把事情告诉了父亲。一贯认为在女孩子身上投资教育是一种浪费的父亲，这次也没有反对。毕竟，家里并没有额外多付费用，姐妹俩住校学习所需的费用，甚至比在家里生活的开销还要小一些。

得到父母亲的同意，张幼仪和大姐非常开心，对未来的新生活充满了憧憬。就在她们收拾停当，准备去苏州女校报到时候，却接到一个让她们措手不及的通知，进入苏州女校前，必须要参加入学考试，只有通过了考试的女孩子，才可以进苏州女校学习。这个时候张幼仪似乎才明白，为什么学校的费用那么低，而待遇又这么好了。但这个困难不仅没有吓退张幼仪，更激发了她的斗志，她预感到，在这样的学校里一定能学到她想学的东西。

不过这个规定，让大姐打起了退堂鼓。她断定自己绝对无法通过考试。她心里明白姐妹俩平日里只是跟私塾先生学了一点点的东西，而且她又没有用心去学习，只是为了打发时间罢了。说到知识，她是一点都不懂，根本不敢去参加苏州女校的入学考试。大姐的退却让张幼仪心里暗暗着急，她提醒大姐，苏州女校是她俩唯一能上得起的学校，如果错过了这次，以后真的就再也没有机会了。头脑转弯很快的大姐忽然就想到了，伯父家的两个堂姐，这个时候已经在新式学校上学了，如果可以请两位堂姐妹帮她俩考试，那还是很有希望的。问题是，谁去跟她俩说呢？

张幼仪和大姐期期艾艾地跟父亲说了这个事情，希望父亲能出面和伯父家的堂姐说一下。其实和父亲说这个事情的时候，张幼仪已经没有多少信心了，依父亲和伯父家的关系，以及这样没原则地去请求帮助，会让父亲觉得很丢脸。而出乎张幼仪意料的是，父亲竟然同意了姐妹俩的请求，并且在他不久后回宝山探望祖母的时候，和伯父家的堂姐们说好了这件事情，两位堂姐将会用张幼仪姐妹的名字参加考试。人一旦认定了目标，真的老天爷都会帮一把。

虽然堂姐们同意帮助张幼仪姐妹一把，张幼仪和大姐商量，她俩也应该参加考试，试试看自己的真实水平到底如何。她俩可以填上堂姐们的名字，那样就算不能通过考试，也不影响她俩的入学。

结果真的皆大欢喜，四个人统统通过了，这让大姐大喜过望，她笑着说，答案都是自己猜的，没想到都猜对了。张幼仪也露出了轻松的笑容，终于可以如愿以偿进入女子学校学习了。

在张幼仪热切的期盼中，终于等到启程的日子。佣人将姐妹俩的行李搬上了车，母亲到底是舍不得，她哭着嘱咐两个女儿，在外一定要好好地互相照顾。而张幼仪的心里，满满的都是对未来生活的憧憬，尽管火车飞驰，田野和树木不断地向后退去，张幼仪还是很心急，希望快点能到学校。

当张幼仪终于站在苏州女子学校门口时，她还不敢相信这一切都是真的，她使劲闭上眼睛，深呼吸后再次睁开眼睛，看学校依旧在那里，她这才笃信，这一切不是梦想，而是切切实实存在的。接下来的四年时间，在这个美丽的校园里，自己真的可以像其他新式女孩子那样，实现自己读书的梦想。一想到这里，她浑身充满了无穷的力量。

苏州女子学校规模不大，总共只有三幢建筑，教室、餐厅和一栋宿舍楼。学生的活动范围也不大，就在这三幢建筑之间往来。张幼仪特别喜欢抱着书在校园的绿荫道下漫步，清风拂过脸颊，她能用自由轻快的脚步从整座校园穿过，这个时候她非常感谢二哥当年阻止了母亲为她缠足的行为。而大姐则不同了，她是缠过小脚的，这个校园对她来说太大了。她以前只会在家里的庭院里偶尔走动，更多的时间是安静地在闺房里待着。如今在校园这三幢建筑之间来往，对她来说真的是太不方便了。像大姐那样缠足的学生也有不少，每到下课或者是集体去食堂用餐时，就看到校园里缠足的女子，慢慢地挪动着小脚，行动异常辛苦，让人不由得对她们产生怜惜的心情。

老师们对待缠足和不缠足的学生态度也是不一样的。对张幼仪她们这样不缠足的女孩子，相对比较严格。经常会检查她们课业完成的进度，让她们起来背诵课文，如果被老师看出没有足够用功，他会不客气地拿出戒尺，一面大力地敲打桌面，一面责问为什么不能完成布置的作业。至于那把戒尺，永远不会落到女孩子们的手心上。而对于那些缠足的女孩子们，老师则温和了很多。他几乎从来不会责骂她们，对她们要求也不会高。也许在老师心目中，缠足的女孩子都是生活在旧传统家庭里，能出来接受新式教育就已经很不容易了，心里肯定还是有一些自卑的，而且缠足的女生年龄普遍都偏大一点，也许过不了几年，就会回去嫁人了，也没有必要对她们过于严格。

学校的作息时间很有规律。每天早晨，女孩子们 7 点起床，梳洗整理后，去餐厅吃早餐，在 8 点老师还没有进教室之前，必须整齐地在教室里坐好，预习一天要学习的内容。学校食堂的伙食比较简单，一张大圆桌上摆着四五盘菜和一大盘米饭，十个女孩子围坐在一起用餐，虽然食堂的饭菜远远比不了家里的美味可口，但在张幼仪看来，能有机会在学校里学习，已经非常不容易了，再也不会挑剔生活环境的好坏。张幼仪写信给家里时，绝口不提这里的生活条件的简陋，为了消除母亲心里的顾虑，张幼仪特意告诉母亲，苏州女子学校的制服很得体，就是在自己的衣服外面套上一件宽松的罩袍，脖子绝对不会露出来的，母亲终于放下心来。而张幼仪的大姐却无法适应学校里的生活，总是写信给母亲，抱怨学校太大了，她每天走路走得很辛苦，尤其抱怨学校的伙食太差了。由于父亲平日非常重视家里的伙食，把孩子们的口味都养刁了，学校里清淡粗糙的饭菜，让大姐无法下咽。她不断地写信要求母亲寄吃的过来。

张家虽然家道中落，但是张幼仪的大姐已经养成了大家闺秀的习性，做事不够利索，不能适应学校里严格的作息制度。张幼仪总是照顾大姐，早晨起来帮大姐整理床铺，因为大姐是小脚行动不大方便，张幼仪总是替大姐拿着书本，并配合她细碎的小步子，一道去食堂、去教室。张幼仪的大姐并不是为了学知识才来到学校，她的兴趣不在学习上，别人在读书写字，而她从不用功。老师上课提问时，大姐总是答不出或者是答错。张幼仪告诉大姐应该多读点书，大姐却并不以为意，宁愿把时间都用在替别人洗衣服和缝补小用品上。

虽然大姐和张幼仪是亲姐妹，平日里关系还十分亲密，但是她俩的性格完全不同。张幼仪内敛、沉稳，经常会为自己的将来考虑。而大姐是个心智很单纯的人，她成年以后唯一的任务就是嫁人，她从不为自己去争取什么，她很乐意接受命运给她的安排。只是她不曾料到，就算她听了算命婆的话，到了二十五岁后结婚，还是免不了凄凉的结局。

张幼仪大姐在张幼仪离婚后不久，终于挑到了一个如意郎君，那人是一个没有读过书的阔少爷。上一辈投机经营时大赚了一笔，置办了许多的田产和商铺。大姐一家完全不用劳动就可以过上很优越的生活。当大姐选择了这个人时还告诉过在德国留学的张幼仪，张幼仪知道大姐凡事不会多考虑的缺点，她还写信告诉大姐，千万不能只看经济条件，选择为人本分勤劳更重要，钱再多也有花完的一天。可大姐满不在乎地告诉张幼仪，他们家的钱多得永远花不完。确实，根据大姐的形容，在他们卧室的柜顶上，有着厚厚一摞的房产地契，每个月光靠收租金他们就过得很好。那个时候，大姐的丈夫还没有不良嗜好，每月领回的租金一袋袋地放到那个柜子里，堆满了整个柜子。大姐也生了一个健康可爱的儿子，一家人过得很幸福，大姐真的过上了她希望的那种无忧无虑的少奶奶生活。

可是上海是个大染缸，婚后十年左右，大姐夫迷恋上了赌博，是一种输赢很快的叫“推牌九”的游戏。很快，大姐的丈夫把柜子里的钱一袋一袋往外拿，并且开始动用衣柜顶上的地契了，大姐和他们的儿子都劝阻不了他。

张幼仪在女子银行做副总裁的时候，大姐哭哭啼啼地来找过她，请她出面向她丈夫把地契要过来锁在银行保险柜里，以免家当全部给他败光，毕竟大姐和孩子们还要生存。本来张幼仪不愿意介入这些事情，可是从上学以来，张幼仪就知道大姐没有太多的心计，也很软弱，就决定帮助大姐。

她找到大姐夫，告诉他可以把衣柜上剩下的地契存在银行。大姐夫拒绝了，说要用那些地契来支付孩子们的教育费用。张幼仪明知道他是撒谎，但是，还是假装相信了她，离开了他家。过了几天，她又到他家，告诉大姐夫她已经帮助他们的女儿缴纳了教育费，所以，应该要给一张地契作为抵押。大姐夫这才不情愿地给了一张地契让张幼仪放到银行里去。可是张幼仪并没有能替大姐保管好这最后一张地契，过了几个月，大姐夫出现在张幼仪的办公室里，脸色惨白、神情恍惚。他向张幼仪要回那张地契，张幼仪坚持不肯给，大姐夫扬言，如果今天拿不到那张地契，他就在张幼仪的办公室里自杀。张幼仪知道他是赌博输得已经没有人性了，再没有和他争辩的必要了。大姐夫拿回来最后一张地契，果然又输掉了。不久他在睡梦中死去了。正如给大姐算命的人说的那样，当他家最后一点财产被败光后，他的丈夫就会死去了。

后来的事实证明，大姐不幸的婚姻，是她自己选择的结果，因为她没有长远的打算，只顾眼前的好日子。张幼仪不幸的婚姻源于父母之命，而张幼仪通过后期学习不断地充实自己，始终积极向上，终于华丽转身，成为民国最有能力的女子。

在苏州女子学校学习的这段时间，张幼仪过得充实而有活力，学校开设的课程有地理、历史、数学和文学。张幼仪每天如饥似渴地学习着新知识，希望早点学完四年的课程，拿到小学教师的资格证书，那样的话，她才有机会真正地成为一个自由人。但是她心里隐隐地有着担忧。在上学之前，她就知道，大姐的命运决定了她不会太早嫁人，而家里第一个嫁出去的女孩就会是自己了，她真的很害怕在学习还没有结束的时候，就会被婚姻禁锢，像那个时代的大多数女子一样，待在夫家，生一个又一个的孩子，整天围着丈夫和孩子，相夫教子，谨慎持家。她甚至羡慕大姐，羡慕她不用那么早结婚，完全有时间学完全部的学业。

事实证明，她的担心不是没有道理。

04 - 无法逃避的宿命

张幼仪的几位哥哥在当时都很出色，父母亲把家里的大事小事也就交给几个儿子打理了。按道理，给家里女孩子选择夫婿这个事情，应该按照“长兄为父”的原则，可是因为大哥张嘉保受到当年盗窃事件的打击，一蹶不振，虽然生意做得还不错，但是人很颓废，也染上了鸦片瘾。已经不能作为张家的“代言人”了。四哥张嘉璈当时在社会上已经很有名气了，父亲考虑到四哥无论是学识、身份还是影响力都比较出众，就把为张幼仪选丈夫的事情交给了张嘉璈。

四哥张嘉璈当时任职浙江都督秘书，视察当地的学校是他公务的一部分。一次在视察杭州府中学堂的时候，无意间看到一篇题为《论小说与社会之关系》的学生作文，他惊讶于这个学生将梁启超的文风模仿得惟妙惟肖。梁启超是当时新文化运动的推动者，是民国时期文化人的领袖，和二哥关系非常好，四哥也非常崇拜梁启超。当时的文人都提倡白话文，张嘉璈曾经翻看过数百篇模仿梁启超文风的文章，但是从没有见过像这篇文章那样，文字间那种优雅的文白夹杂风格深深地让张嘉璈赞叹。

四哥是个很有心的人，他还仔细研究了这个学生的字，在他看来，这个年轻人的书法也透露出不凡的才气。懂书法的人看字，首先看这个字有没有劲道，即字“骨”，张嘉璈注意到，这篇文章虽然是软软的毛笔写成的，但文章每一个字的笔画，都很有力量，那一划、一钩、一折，仿佛力透纸背，刚劲有力。这表达出了此人有着坚定的目标和方向；其次是看这个字“气”，也就是字的自然神韵，这种神韵只有在多年坚持练习的基础上，才能形成自己的独特风格。“气”显示出一个人的眼光和操守。

看了这篇文章，张嘉璈心里一阵欢喜，打听起了这个学生的家世背景。得知这个叫徐章垿的青年学生是浙江海宁硖石首富徐申如家的独子，徐家产业甚多，且在当地很受人们的尊敬。得到这样的消息，张嘉璈内心十分欣慰，他想到父母嘱托他为妹妹择婿的事情。四哥认定，这个人无论长什么样子，就凭着他的学识和家境完全可以做张幼仪的丈夫。

张嘉璈当晚就给徐家写了一封信，提议自己有位待字闺中的二妹，可以同徐家的独子结秦晋之好。在信的结束，张嘉璈属上了自己的本名。

张嘉璈了解到，实业家徐申如是硖石的首富，虽然是宁波商会的会长，但是他为人非常正直，性情谦和。也是因为他的性情，有时候在社会上难免会遇到一些困难，他一直很遗憾自己在政界没有坚强的后盾。而张家的几个弟兄此时都已在政界崭露头角，特别是四哥张嘉璈，已经是当地的名人了，很多人以结交张嘉璈为荣。对于这桩婚事，四哥张嘉璈还是比较有信心的。

不出张嘉璈所料，他很快就接到了徐申如的亲笔回信，信中只有短短一行字："我徐申如有幸以张嘉璈之妹为儿媳。"四哥得到这个准确的回复很高兴，立刻把这个喜讯告诉了家里，父母对于四哥给张幼仪挑选的这个婆家非常满意。

从十三岁的那一天开始，张幼仪的身份不再是张家二小姐，而是徐章垿的未婚妻。

徐章垿即后来大名鼎鼎的新派诗人徐志摩，1897 年出生，志摩是在 1918 年去美国留学时他父亲给他另取的名字。因为小时候，有一个名叫志恢的和尚，替他摩过头，并预言"此人将来必成大器"，徐章垿出国留学，父亲寄予了厚望，想起小时候的奇遇，即替他更用了此名。

那个和尚所说确实不假,徐志摩少年时候便有"神童"之誉。徐志摩四岁就跟着家里请的老师学习古文，这位叫孙荫轩的老师在当地是一位名师，在徐家众多的子侄中，老师对志摩尤其看重，评价他“初学聪明超侪辈”。后来家里又换了一位私塾老师，性格清高古怪，是个满腹经纶的先生。徐志摩十分喜爱上他的课，不仅学到了扎实的古文功底，还兼带把老师的古怪性格全部学来了。

1907 年，徐志摩十岁，在硖石开智学堂接受小学教育。开智学堂是一座新式学堂，开设数学、英文、科学、自然等新学科。突然接触到这些新知识，别的同学对学习感到很吃力，而徐志摩却学得很轻松。课堂上他看起来也不是很专心，有时候还因为调皮被老师点名，可是每次考试，徐志摩总是考得非常好，让老师和同学们感到很诧异。毕业时，徐志摩还被评为优秀毕业生，那天的毕业典礼上，徐父作为家长代表还被邀请在主席台上发言。

1910 年，徐志摩满十四岁时，经表叔沈钧儒介绍，考入杭州府中学堂（1913 年改称浙江一中），与郁达夫同班。少年时非常淘气，在教室里总是会惹一些无伤大雅的麻烦，引得同学们大笑，可是老师从来也不会责罚他，因为无论怎么调皮，他一直保持着优异的成绩。

郁达夫曾经回忆学生时代的徐志摩：“是个头大尾巴小，带着金边近视眼镜的顽皮小孩，平时那样不用功，那样地爱看小说。他平时手里的总是一卷有光纸上印着石印细字的小本子——

而考起来或做起文来总是分数得最多的一个。”

徐志摩各科成绩都很好，对文学尤其感兴趣。因为小时候接受了完整系统的古文训练，似乎让他厌烦了再研究古文，而是对小说产生了浓厚的兴趣，各种题材的小说他都会找来看，而且记忆力极佳，看过的书，他都能复述出精彩的片段。因为书读的多，他已经能够分辨出文章中哪些是写得好的，哪些部分写得不好。这让同学们送给他一个“两脚书橱”的绰号。

书读得多了，自然文章就写得好。他爱好文学，并在校刊《友声》第一期上发表论文《论小说与社会之关系》，认为小说裨益于社会，“宜竭力提倡之”，这是他人生的第一篇作品。也正是这篇作品，被张嘉璈所赏识，直接促成他和张幼仪的婚姻。

就这样，仅凭两封很短的书信，就决定了张幼仪的一生。而此时毫不知情的张幼仪在第二女子师范的苏州女校里，正用功地读书。

在第二女子师范学校一年级学习中，张幼仪取得了很好的成绩。学期结束时，和大姐一起开心地回到南翔的家里过暑假。刚一进门，母亲就笑眯眯地让张幼仪到客厅来一下，父亲也在客厅，他神色也罕见地和蔼，他递给张幼仪一个小小的银质相片盒，张幼仪顿时明白了几分，抑制住内心的忐忑，轻声地问父母：“这是做什么用的？”母亲笑着说：“看看他的照片啊。”

打开盒子，张幼仪看到一张年轻男子的照片。头有点大，下巴略有点尖。中分的头发整齐地梳向耳后，轻微上扬的嘴角显得有点调皮，戴着一副金丝边眼镜，遮挡不住眼睛里流露出的灵气。张幼仪暗暗松了口气，照片上的人看起来很斯文，至少她不讨厌。

父亲问张幼仪的意见如何，虽然听起来是在征求张幼仪的意见，而实际上，对于家里选定的这位叫徐章垿的青年，张幼仪是没有权力说不同意的。她心里明白，无论自己愿意或者不愿意，都必须按照家里的意思，嫁给这个人。她是个从小就懂得顺从的人，命运加到她身上的一切她都会默默承受下来。于是她合上了相片盒，小声地回答父亲："我没意见。"父亲听了很是满意。

张幼仪直到婚后多年才知道，徐志摩看到她的照片时，说话可没那么客气。徐志摩是个心气很高的年轻人，挑选结婚伴侣他首先选择是以貌取人。当他第一次看到张幼仪的照片时，觉得她皮肤不够白，嘴唇很厚，一看就觉得是很愚钝的那种类型。不由自主地嘴角往下一撇，嫌弃地说："乡下土包子。"

徐志摩虽然非常不喜欢家里给他安排的这个结婚对象，但是出于对父母亲的孝顺，也没有强烈地反对。既然双方家长认定了，孩子们又没有反抗，接下来便是双方家长操办结婚的具体事宜了。

从封建社会传下来的规矩，两个人结婚之前，必须要“合八字”。这是一项很重要的程序，如果八字不合，这桩婚事最终也可能就此作罢。算命婆看着母亲手里的相面图，开口说道：“我喜欢这家人，是非常好的人家。”母亲宽慰地笑了，这证明家人的选择是正确的了。算命婆拿着徐志摩的生辰八字，给母亲讲解出生年月里的玄机。徐志摩属猴，天生机灵敏锐，但是猴子也有着它的缺点，那句“山中无老虎，猴子称大王”的俗语的由来，就说明了猴子的狡猾和丑恶的一面。张幼仪属鼠，属鼠的人天生胆小谨慎，勤劳富足。算命婆仔细地研究了两个人的八字，终于无奈地看向母亲，很遗憾地说：“这家是个好人家，可是我必须要和你说明白，这两个人属相不相配哩。”算命婆说，如果张幼仪属狗的话，这可就是天作之合了，非常相配。

母亲一听就愣住了，怎么家里两个女儿的婚姻大事都这么坎坷呢？大女儿必须要等到二十五岁才可以谈婚论嫁；二女儿好不容易找到个非常满意的婆家，却被告知八字不合。坐在算命婆和母亲之间的张幼仪，并不太懂算命婆说的那么多道理，只知道她和徐志摩八字不相配。是什么地方出了岔子呢，什么是不相配，她一点都不明白。母亲用很担忧的眼神看向张幼仪，张幼仪感到有点惶恐，她一声都不吭，不敢打扰算命婆和母亲之间的谈话。

母亲急切地看着算命婆说："那还有什么法子呢，家里两个女孩子，总有个要立即嫁掉才行的。"沉默了良久，母亲仿佛是下定了决心一样，和算命婆商量着把张幼仪的属相给换掉。结果张幼仪出生的年份从 1900 年改为 1898 年，生肖属狗。家里人将张幼仪新生辰八字送到了徐志摩家，徐家一点不知道张幼仪的八字是刻意修改过的，对过八字以后觉得非常满意，一个星期后，徐家送过来一对鸳鸯，这代表着对婚姻忠贞不渝的意思，张家人接受了这份定亲信物，就算是正式订婚了。

这两个年轻人彼此都没有真正见过一次面，没有一次交谈或者是书信往来，就被婚姻捆绑在了一起。这种婚姻在那个时代是很普遍的，很多夫妻都是在结婚当天才见到对方，比如张幼仪的父母，就是先结婚再了解，直至相守一生。

张幼仪对这种婚姻制度到并不反感，她在晚年和她的侄孙女张邦梅讨论到"自由恋爱"问题时，就说过："你可能认为你们两方那种两个人互相挑选的'自由恋爱'，才是比较聪明的交友方式，可是我不同意这看法，因为年轻人会失去理智。我认为时下你们这些年轻人一开始花太长时间去认识对方的一切，一直搞到没有办法把对方的优缺点分开，然后又决定不结婚，这就是'自由恋爱'的问题。没有人是十全十美的嘛。"

既然已经决定的事情，她没有反抗的勇气。不过她感到很奇怪的是，算命婆都说了他们的婚姻并不相配，为什么母亲这次即使采取隐瞒的手段，也要让他们的婚事能成功呢？当初算命婆到底看出了什么玄机，认为他们肯定不合呢？多年以后再回头看，命运这种东西做不得假，尽管改了属相以求得相配，到底还是应了算命婆的预测，他们的婚姻还是没有善终。

结婚日期两家定在了一年半以后，也就是 1915 年 11 月，徐家希望等徐志摩中学毕业以后再举行婚礼。婚期确定后，家里想让张幼仪退学在家准备婚礼。因为父母心中女孩子终归是要嫁个好人家，读书不读书无所谓。张幼仪却不想放弃这个她好不容易争取来的上学机会，她恳求父母，待嫁的这一年半里，能让她继续回到苏州女校读书。父母开始并不同意，因为既然是定了婆家的人，应该深居简出，安心地做好待嫁的新娘就好了，不应该再到社会上去行走。就算以后拿到那张教师资格证书又能怎样呢，嫁到婆家的媳妇首要职责是生儿育女、侍奉公婆。

虽然父母亲不同意，张幼仪还是竭力争取再回学堂上学的机会。她知道徐志摩是个非常有才华的人，为了拉近彼此的距离，她希望自己能学到更多的知识，以免日后完全无法沟通。在她的苦苦哀求下，父母终于做出了让步，因为他们也考虑到，如果张幼仪不去上学，也不让大姐一个人待在学校里了，既然大姐还有好些年才能嫁人，又不能让她在家里养成更加懒散的习性，不如还是让姐妹俩一道去上学吧。

新学期的开学，张幼仪和大姐依旧回到了苏州女子学校。可是让张幼仪没有想到的是，得知自己订过婚后，老师的态度却完全变了。以前张幼仪学习认真刻苦，总是得到老师的赞许和鼓励。而现在老师不再像以前那么关注她，在她回答不出问题时，老师再也不像以前那样，用戒尺使劲地敲打桌面责问她。就算她拿着书本去请教老师，老师也只是对她提出的问题一带而过，根本就不再像以前那样用心地指导。张幼仪发觉老师看她的眼神，和看待大姐她们的眼神一样了，而大姐她们来学校根本不是来学习的，而是有钱人家将快出嫁的女儿送到学校来装装体面，好对外说，自己的女儿也是受过教育的。老师心里明白这些订过婚的女孩子，以后就算拿到了毕业证书，也绝对不可能成为一名老师，她们逃脱不过沦为家庭主妇的结局。在她们身上多花精力教导，也是一种浪费。只是这位老师不知道，不是每个女孩子都是将学习当作一种装饰门面的用途，这位叫张幼仪的女孩子是真的渴望学到更多的知识，所以她才会在已经订婚后，又竭力争取到再次回学校来学习的机会。

内心极度失落的张幼仪，依然坚持完成了一整个学年的课程。在婚期将近，她不得不永远地离开苏州女子学校，她的内心充满了不舍与惆怅。她走出了学校的大门，想起自己刚到学校来的时候，站在大门前，对自己已经成为这里的学生将信将疑的情景，好像就发生在昨天。她曾经希望自己是一只小鸟，能在新时代的天空里自由自在地飞翔，却不料，自己只是一个飞不远的风筝，婚姻就是牵制住她的那根挣不脱的线。

第三章 婚姻——沉默的开始

01 - 硖石最豪华的嫁妆

在张幼仪还在苏州女子学校忍受着老师的漠视坚持学习的时候，徐志摩已经以优异的成绩从杭州中学堂毕业了。由于婚期还没到，他向父亲提出要去考北京大学的预科班，父亲欣然同意了，徐志摩的父亲对孩子学业非常重视，难得看到自己的儿子这么出色，更坚定了他要好好培养家里这个独生子的信心。

就这样徐志摩又来到北京，和许多热血的年轻人一起，在思想和学识上接受新文化思潮的影响。徐志摩是个感情丰沛的人，他理想中的伴侣应该是懂得风花雪月，能和他一起谈论艺术和文学，就像后来他一生中曾经痴爱过的那两位女人。起初，他是因为从小接受传统教育，让他懂得遵从父母之命是孝道，是为人子女必需的品德。况且和张幼仪订婚约的时候，他还没有能领略到爱情的美妙，也没有遇到令他心动的女子，所以没有理由反对那桩包办的婚姻。而在北京的这段时间，他接受了很多的新思想和新文化的熏陶，也见识了他的同学蒋百里和左梅那样浪漫优雅、感情笃厚的夫妻，羡慕之余，他越发地厌恶起家乡的那位未曾谋面的未婚妻，因为那人的长相看起来毫无风情且有几许木讷。尽管当初徐志摩父亲的本意是，徐志摩太活跃，而张幼仪稳重得体，是徐家最合适的儿媳人选。可是在徐志摩看来，他最不需要的就是张幼仪的那些优点，虽然张幼仪也上过两年西式学堂，他始终把她当成那些缠足、愚昧的小脚女人。眼见婚期临近，徐志摩却丝毫没有回家的打算。徐志摩父亲写信和他提到这个问题，让徐志摩感到很焦虑，那种无法回避却又极度抗拒的心情折磨着他，他以学业紧张没有时间回信为由拖延。他说的也是确实存在的情况，在杭州中学堂，徐志摩不费什么力气就会取得很好的成绩，而到了北大的预科班，他的那点小聪明明显不够用了，必须得刻苦学习才行。

眼见婚期临近，徐家却并没有拿出应有的积极态度来，这让张幼仪家里提出了质疑，他们问道，徐志摩留在北京不回来，是不是不愿意和张幼仪结婚。这让徐申如不得不写信责令徐志摩立刻回来举行婚礼。徐志摩万般不情愿，但是并不敢违抗家长的意思。回到家里，他整天把不乐意的情绪挂在脸上，让家里人知道他对父母安排婚姻的抗拒。在徐志摩父亲心目中，和徐志摩有着互补性格的张幼仪是结婚的不错人选，再说她身后的张家，对徐家以后生意的发展有着非常重大的帮助，所以他竭力安抚徐志摩，希望他认真履行两家缔结的婚约。最后，徐志摩在自己最敬爱的祖母的劝说下，终于无奈地接受了即将与一个并不喜欢的女子结婚的事实。

对于徐家围绕结婚这件事发生的这些小风波，张家毫不知情。张家上下对待张幼仪的婚礼是异常认真的。这个时候的张幼仪家再也不是刚到南翔时候那样的境况了，经过父亲和几个儿子共同的努力，家里已经逐渐恢复了名誉和财富，甚至比当年在老宅时候更受人尊重。张家对第一个出门的女儿，投入了非常大的精力和财力，意欲打造一个隆重的婚礼。那个年代，为女儿准备什么档次的嫁妆是娘家实力的一个展示。

张家在置办幼仪嫁妆这件事情上，确实动了一番脑筋。上海是最早的通商口岸，那些最有经济实力的人，基本上都会和外国人有着商贸合作关系，他们在赚了丰厚的利润后，为了显示自己的富足和品位，家庭和办公室里一般都会选用华丽的欧洲家具。因此，见多识广的四哥建议，张幼仪的嫁妆，最好是选用与中式家具沉稳端庄风格完全不相同的欧式家具，这会让张幼仪在婆家大为露脸，况且徐志摩也是接受过西方教育的人，也一定会喜欢这样的西式风格。于是，家里派张幼仪的六哥专门去欧洲采购家具。

六哥带着一家人的信任在欧洲认真地为张幼仪挑选嫁妆，等他认为大致选得差不多的时候，才发觉他已经买了太多的东西，多到连一列火车都装不下了。张家人决定，从上海直接用驳船将家具运到徐家的硖石镇港口，然后再差遣工人将这些体积庞大的家具搬运到徐家。

从硖石的码头到徐家，要从镇上穿过。家具刚从驳船上运下来的时候，果然如张家人所料想的那样，硖石镇的乡亲早早就候在码头，想见识一下张家豪华的嫁妆。六哥做事非常精细，他在玻璃展示柜里摆放了欧洲的精致瓷器，并巧妙地固定好，找了一些非常有经验的搬运工人，以保证玻璃柜里的东西从港口到徐家不会有一点闪失。西式餐具上铺上了精美的亚麻桌布，双人份的餐具按照张幼仪夫妻今后日常使用的方式摆放好，甚至还有一个插了红花的花瓶。这些全部用精美的丝绸捆绑，固定在餐桌上，以便让看热闹的人们能完整地看到豪华餐桌上的欧式餐具。在硖石人的啧啧称羡中，工人们抬着鼓鼓的沙发、带垫脚登的扶手椅、有许多大抽屉的五斗橱，在夹道的围观群众中穿过。玻璃陈列柜是禁止让乱窜的小孩子靠近的，几十个大箱子里装满针织刺绣品和一些贵重物件。六哥一路上跟着搬运家具的队伍，直到把所有的嫁妆安全地送到了徐家。由于张家的嫁妆在硖石引起了前所未有的轰动，镇上好奇的人们没有见过这些高档西式家具，都想上前摸一摸，结果造成了推搡拥堵，场面一时有些失控。

六哥回到南翔，和家里人描述张家的嫁妆在硖石引起的绝对的轰动效果，一家人非常舒心快乐地谈笑着。在这之前大家都是听别人介绍说硖石徐家富有，并没有亲眼见识过。经过这趟搬运家具，六哥对于他所了解到的徐家，也是非常的满意，他和家里人形容徐家是硖石镇“猪群里的一头牛”。

硖石顾名思义是个多石头的地方，那里是浙江著名的龙井之乡。这钟灵毓秀的山中不仅盛产龙井茶，山里还在一股清洌的山泉水，用此泉水沏泡的龙井茶，茶香淡郁、沁人心脾。按说浙江省在当时是全国人口最稠密、人民最富庶的省份，但是硖石在浙江省的山区，交通不是很便利，普通的民众过着简单的生活，并不是很有见识。而徐家则不一样，他们家产业众多，涵盖了很多个行业，不仅经营着徐家老字号徐裕丰酱园、还有一座发电厂，在上海还开了一个裕通钱庄，后又开设人和绸布号。而且所有的生意做得非常稳，没有大起大落的现象，确实是非常有实力。徐家不仅富甲一方，而且还受到当地百姓的尊重。

六哥兴奋地和家里说到徐家的实际情况比传说的更富有，而当家人问到徐志摩这个人怎么样时，六哥非常肯定地说，他才气纵横，前途无量。因为六哥也并没有见到徐志摩本人，大家问六哥为什么这么肯定，六哥说到，镇上每个人都知道徐志摩很有才情，徐申如也非常欣赏自己的儿子，每次徐志摩写了好文章，徐父都会将儿子的作品带到茶馆里给大家传阅，甚至有时会有人大声地朗读出来。这一番话，让张家人彻底地放心了。此时已经休学待嫁的张幼仪，还暗自庆幸着，她嫁的丈夫是像哥哥们一样学贯中西，既有着中华传统文化的积淀，又有着西方先进思想的植入，对比哥哥们的行为操守，她相信，徐志摩将来也一定是位有上进心、有责任心的好丈夫。

婚期临近了，为成婚那天的安全着想，张家人决定，结婚前三天张幼仪由一个已婚的堂姐陪同，悄悄先行去硖石，在徐家人租的临时住处先安顿下，等待婚礼的举行。

此时的张幼仪对这场婚礼有了一点点的期待，毕竟经过六哥亲自确认，她对于自己的未来还是有着一个美好的憧憬。在和堂姐乘火车去硖石的路途中，张幼仪心情格外愉快，她透过车窗欣赏着十一月深秋的景致，在这即将奔赴新生活的时刻，她想把这沿途的风景深深地烙印在自己的记忆深处：那一片片的水稻梯田，虽然庄稼已经收割完了，戴着斗笠的农夫们还在田间忙碌着；褐色的棉花秆在棉田里枯萎，还没有来得及清理；铁道两旁种植了很多的桑树，列车快速地行驶，阳光透过树叶间隙斑驳地跳跃在张幼仪的脸上，树下还有采桑姑娘摘取桑叶喂养秋蚕，待要定睛看看那采桑姑娘是不是有罗敷那样的美貌，可这些景致快速地从车窗掠过，根本来不及细看。张幼仪贪婪地看着这初秋的原野，心里对未来的生活还是有着一些迷茫。

这次为了不引人注意，张幼仪和堂姐带了简单的行李，也是日常普通的打扮，可是小镇上来了一个外地人，再加上又是徐家婚期临近的敏感时期，她俩还是引起了镇上人的好奇。张幼仪和堂姐刚从火车站站台出来，就被一群人围住了，他们早早就守候在火车站，争相目睹徐家未过门的媳妇是什么模样。看到这个情形，堂姐赶紧拉着张幼仪就近挑了一顶最普通的轿子，悄悄告诉了轿夫地址，吩咐赶紧动身。虽然她们坐的是很普通的小轿子，看起来不像是徐家的做派，但是还是有人坚持认定这坐轿子的两个人中就有徐家未来的儿媳，好奇的居民，一直跟着轿夫跑，直到她们进了徐家为她们租的临时住所，紧紧地关上了大门，过了好一会儿，人群才逐渐散去。

当地的传统习俗是婚礼庆典的前一天，娘家人会将准新郎官请到家里来吃一顿饭，目的是最后“检验”一下，如果没有什么特别的问题，那么第二天，家里人就放心地将女孩子嫁过去。但在成亲前，新郎依然不可以和新娘见面，所以当晚的宴席张幼仪不能参加。因为担心徐志摩拘束，张幼仪的父母也没有参加晚宴，让家里管事的四哥和六哥代为招待徐志摩。

抑制不住好奇心，张幼仪还是请堂姐陪她一起，希望能看到徐志摩本人一眼。以前她只是看过徐志摩的照片，早先听过传闻有用照片顶替的事情发生过，所以，她想亲眼确认下。守候在楼梯拐角的时候，她悄悄地对堂姐说，如果徐志摩要是个瞎子或者是个瘸子,她绝对不嫁。由于她们所在的位置比较隐蔽，只能看有人进门出门。她听到院子里有说话声，便注意楼下的动静，看到一个瘦弱的人影从前门走了进来，张幼仪定睛一看，和记忆里的照片一对比，差不多是同一个人，只是本人看起来更瘦弱一些。堂姐被张幼仪挡住了，没有看到，见张幼仪并没有太大的情绪起伏，就悄悄地问那人看起来怎么样？想起刚才和堂姐的表态，张幼仪感到有些害羞也很淡定地说，徐志摩有两只眼睛和两条腿，所以不算太丑。

那顿饭徐志摩吃得很拘束，很短的时间就结束告辞了。他走后，哥哥们还在谈论着他，特别是四哥，因为是他亲自发掘的徐志摩，直到现在的状况越来越让人满意，所以他非常开心。他告诉张幼仪，以后一定会很幸福，徐志摩一定会是个有名的文人。张幼仪能感觉到哥哥们是真心的喜欢徐志摩，也很感谢他们为了她的幸福做了这么多的努力。

02 - 喜庆日子里的沉默

张徐两家准备了这么久，终于到了举办结婚典礼的这一天。那天一大早，堂姐就把张幼仪的礼服取了过来，那是张幼仪从来没有见过的款式，这也是六哥精心为张幼仪准备的。六哥断定徐志摩接受了那么久的西式教育，而且在北京也待过一段时间，揣测他一定喜欢西式的礼服，同时也顾虑到两家老人的接受程度和参加婚宴的亲戚朋友的习惯，并不能完全用西式的那种洁白的婚纱，在中国人看全身素白是在丧礼上才用的颜色。他巧妙地折中了中西方的习惯，给张幼仪定制了一个很特别的礼服：仿照西方婚纱的款式，用了粉色的轻纱，制作了一层层的蓬松效果，而最外一层的粉色轻纱上，绣了几条金龙。为了婚礼仪式的严肃性，依旧给张幼仪准备了顶头冠。六哥曾神秘地跟张幼仪说，她的礼服将是她所有衣服当中最漂亮的衣服。现在看六哥说的果然不假。

堂姐亲自给张幼仪梳妆，为了能方便戴上头冠，发髻不能梳高，堂姐将她的头发盘了三个圆圆的小发髻，排成三朵花的模样，然后用一根棉线绕在手上绷紧了，开始绞张幼仪脸上的汗毛，又麻又酥的感觉让张幼仪觉得好舒服。绞过了汗毛，堂姐又拿了一个拨了壳的熟鸡蛋仔仔细细地在张幼仪的脸上滚过。这道程序后，便开始用胭脂和水粉给脸部打底，盖住了张幼仪微黯的肤色。张幼仪趁着堂姐换手的工夫，快速瞄了一眼镜子里的自己，虽然还没有化好妆，已经觉得非常新鲜了，于是闭上眼，定心地让堂姐在她的脸上描画。堂姐很用心地给张幼仪修饰，足足过了一个多钟头，堂姐退后一步，左右仔细端详了一下，又过来描画了一番，再次退后仔细看了下，这才露出满意的笑容宣布成功。张幼仪站在镜子前面，真的不敢相信这就是自己——苗条的身段，雪白的肌肤，弯弯的柳叶眉，明眸皓齿，仪态万千。眼见张幼仪看到镜子的自己都发呆了，堂姐扑哧一声笑了出来，称赞张幼仪就像“白雪中的一朵腊梅”。张幼仪在镜子前轻快地转了一个圈，轻纱的裙摆飞扬了起来，看着堂姐开心地笑了出来。堂姐立刻制止,并告诉她,作为新娘子,今天的仪态一定要端庄，目光不要和别人直视，更不要露出笑容，这样会让别人笑话的。听了堂姐的话，张幼仪立刻沉静了下来。

母亲和堂姐将华丽的头冠给张幼仪戴上，这是装扮新娘子的最后一步，然后就领着张幼仪下楼了。楼下，人们都满脸的喜悦，父亲和兄弟姐妹都换上丝质的高档衣服。姐妹们围过来，在张幼仪的身边说些恭喜的话。吉时就要到了，母亲拉着张幼仪的手，将她领到轿子前面，将头冠上的红盖头放了下来。张幼仪眼前立刻一片漆黑，心情没来由的忽然紧张了起来，头冠太沉重了，甚至让她走路都踉跄了一下。母亲依然拉着她的手，轻声细语地嘱咐她，要她今天一定要抬头挺胸，把最好的仪态表现出来。在一阵鞭炮声、乐队吹奏声、女孩出嫁时亲戚表示不舍的啜泣声中，张幼仪被人搀扶着上了花轿。

迎亲场面浩大。走在最前面是四个举大旗的，六尺长的三角形彩旗，那是徐家的旗子，两面大旗上面绣有“徐”字，还有两面大旗上面绣着“张”，这是代表着徐家迎娶的是张家的女儿。后面是新娘坐的花轿，这顶新娘轿子非常喜气，轿子外面罩着红缎，轿子的四角挂着四种动物，分别是代表着婚姻幸福的蝴蝶、代表着爱情坚贞的鸳鸯、代表着福泽延绵的蝙蝠、代表着吉庆有余的鲤鱼，这是原配夫人才有资格坐的花轿。张幼仪的兄弟们走在花轿的两侧护轿，随时应付路上可能出现的任何情况。花轿后面是张家女眷的普通轿子，再后面就是一支乐队，他们用笙箫管笛吹奏着各种喜气洋洋的调子，最后就是徐家的迎亲队伍了。乐曲声和着鞭炮声回荡在硖石的上空，狭窄的街道两旁挤满了前来看热闹的居民。

坐在轿子里的张幼仪只听到嘈杂的人声、鞭炮声和乐曲声，和每一个第一次出嫁的女孩子一样，心里又甜蜜又紧张。她希望今天能给徐家人特别是徐志摩有个好印象，她知道他是新式的年轻人，会更喜欢比较大方一点的新娘子，可是堂姐和妈妈都跟她说了要稳重端庄，有一个大家闺秀的仪态。心里还没有想好应该怎么去应对今天的场面，轿子已经落地了。

或许是因为紧张，或许是因为头冠确实太沉重，在兄弟们的搀扶下，张幼仪才能平稳地从轿子里跨出来。兄弟们在前面，两个喜婆一左一右搀扶着张幼仪，走进徐家举行结婚典礼的礼堂。礼堂里人声鼎沸，张幼仪知道光是张家就请了三百多位客人，更无法估算徐家会有多少客人。她顶着沉重的头冠，被人搀扶着走在礼堂的红毯上，只能看到眼下自己的脚尖。张幼仪的眼睛逐渐适应了盖头里的黑暗，影影绰绰地能看到礼堂里的情形。她被领着走过一排排宾客，直到一张矮桌前。矮桌上方有一团暖暖的光亮，张幼仪跪在矮桌前，她听到身旁有人压抑着清喉咙的声音，虽然盖头挡着并不能看到身旁的人，但是她知道是身旁同样跪着的徐志摩，想到这个即将成为自己丈夫的人和自己是同样的紧张，不由得心里放轻松了，在这熙熙攘攘的一大屋子人当中，因为这同样的紧张感，她觉得和他的心走近了一些。

当婚礼主持人唱过一拜天地、二拜高堂、夫妻对拜等一系列程序之后，张幼仪被身旁搀扶的人摆弄着，机械地做着一些动作，当司仪提醒，请新郎官掀开新娘盖头的时候，张幼仪紧张到了极点，又害怕又期待的心情让她不禁发起抖来，她从盖头底下只能看到一双穿着皮鞋的脚站在她面前，毫不犹豫地掀开了盖头。张幼仪本能地想抬起眼睛看看新郎官的摸样，毕竟除了照片和昨晚的偷窥，她没有仔细看过徐志摩的长相。可是最终，她的眼神只落在了徐志摩尖尖的下巴部位，她没有办法做到大大方方地直视徐志摩，她无法压抑慌乱的心情。看着徐志摩紧紧抿着的嘴唇，她多希望她的丈夫能给他一个笑容，让她能感受到他的幸福，可让张幼仪失望的是，面对自己的新娘，徐志摩非常冷淡，没有一丝笑容。

在中国，婚礼不是两个人的事情，不管你心情如何，愿意不愿意，婚礼都会按照传统习惯继续下去。接下来是拜家里的长辈，徐家和张家重要的客人，都要接受两位新人的跪谢。礼堂的正中摆放了两张红木太师椅，张幼仪和徐志摩立在椅子前面，司仪每高念一个姓名，就会有来宾坐到太师椅上，徐志摩和张幼仪就要双膝跪地，双臂搁在身前，头朝下碰到放在地上的手背，然后再站起身，才是一个完整的磕头仪式。那一天，张幼仪不知道磕了多少个头，到最后浑身毫无力气，完全是身旁扶着她的人把她往下按，再拉起来，往下按，再拉起来，她觉得自己就像一个木偶，完全没有自主的意识了。磕头磕了好几个钟头。婚礼仪式后的一个多星期，张幼仪的腿都疼得没有办法走路。

在极度的疲劳中，终于结束了拜堂仪式。当地本来就有闹洞房的习俗，但是一般都是街坊邻居来凑凑热闹，闹一会儿也就散了。可是那天的情况有点特殊，最近几年军阀之间争斗加剧，战事频繁，就在结婚当天，硖石的乡间还打了一场小仗，导致了回上海的火车停运，这样，所有人都没法离开硖石。徐家订下了镇上所有的旅馆，还另外租了两个大院才能安顿下全部的来宾。大家因为走不掉，所以晚宴后都聚到徐家来闹洞房。

当地闹洞房的习俗流传已久，早先的传统闹洞房，取辟邪驱恶之意，后来发展到只是逗弄新人。无论长辈、平辈、小辈，聚在新房中，祝贺新人，戏闹异常，多无禁忌，有“三日无大小”“闹喜闹喜，越闹越喜”之说。规矩是无论如何喧闹，主人不得恼怒。这之前母亲也跟张幼仪说过这些礼仪，让张幼仪一定要沉着冷静，无论别人怎么逗弄，都不要有任何的情绪，也不要开口说话，否则会招致别人的笑话。张幼仪坐在房间的中央，屋子里站满了亲朋好友和街坊邻居，大家都在想办法逗弄新娘子，有人要新娘子唱首歌，有的人要新娘子跳支舞，还有人故意把张幼仪的裙子往上撩，让大家看看她的大脚，并且夸张地说新娘子好丑啊，这么大的脚，旁边人都嘻嘻哈哈地笑了起来。徐志摩的一个新式朋友甚至提议，要看看新娘子穿什么颜色的内裤，这些调笑远远超出了张幼仪所能预想到的范围，她非常害怕那些喜欢动手动脚的人，幸好哥哥和弟弟们在她的身旁保护着，挡开了那些太过分的动作。而她的丈夫徐志摩，根本没有陪在张幼仪的身边，而是跑出跑进忙着和大家插科打诨去了。这场嬉闹中，张幼仪一个人孤独地坐在房间的中央，所有人都在戏弄新娘子，人人都得到了快乐，只有张幼仪紧张又害怕。

闹洞房持续了好几个钟头，直到凌晨 4 点左右，人群就像得到命令一样忽然都散去了。张幼仪想站起身，可浑身酸痛，疲劳和麻木让她有点站立不稳，这一天实在是太累了。过了一会儿徐志摩进来了，后面跟了几个上了岁数的老妈子，她们边说着吉利话边手脚麻利地给新人准备就寝。她们在床褥中间铺了一块白绢布。张幼仪有些害羞了，这个情节已婚的堂姐早晨和她说过。这块白绢布是检验新娘子的贞洁，如果明天早晨白绢布上染了血迹，第一能证明新娘子是处子之身；第二也表明他们已经圆房，长辈们就等着抱孙子了。

两个佣人将张幼仪带到妆台前梳洗，卸下了头冠，松开了发髻，用檀香木梳将长发轻轻梳理，披散在肩膀周围。退下所有的衣物，只披了一件绣了五彩鸳鸯的红色丝袍。张幼仪轻轻抚摸着精美的刺绣，心底祈祷着她和他的婚姻能应了这美好的寓意。佣人已经退下，张幼仪看向徐志摩，他也是就寝的装束，身上也只是一件薄薄的丝袍。毕竟是血气方刚的青年男子，这样的洞房花烛夜，心情难免是有些激动的。他目光炯炯地看着张幼仪，眼神有着一丝期待，张幼仪害羞地垂下头。在大家闹洞房的时候，张幼仪头脑就在考虑自己不应该在新郎掀盖头的时候，没有用眼神向新郎传递自己的情感，心里做好打算，在入洞房之后，有机会一定要跟徐志摩说几句时髦的情话。迎着徐志摩热切的目光，她走向他，她多想大声地告诉他，谢谢命运让她遇到徐志摩，谢谢命运能让她成为徐家的人；从今往后，她会好好地做徐志摩的太太，侍奉好长辈。可是她眼前又闪过堂姐的眼神，仿佛在告诫她，女子一定要矜持，否则会让丈夫看不起。于是，张幼仪强压下心头的激动，依旧害羞地低着头，始终一言不发。

如果说，之前徐志摩只是看了照片，觉得张幼仪的长相有些土气，后来又了解到张幼仪也读过两年苏州女子学校，心里还抱着一丝希望的话，那么张幼仪新婚夜的举动，让徐志摩打心底里失望了。眼前张幼仪的表现完全就是一个毫无情趣的旧式妇人，期望的眼神一点一点地冷却，徐志摩彻底心灰意冷。

于是他也沉默着，脸色越发严肃。

两个人的洞房花烛夜就这样在没有情趣的沉默中度过去了。而这样的沉默竟然伴随了他们今后的婚姻生活，直到分离后彻底地解脱。

03 徐家的新媳妇

疲惫至极的张幼仪强撑着不让自己沉沉睡去，作为徐家的媳妇，清晨还要去给公婆请安。这套礼仪母亲倒是教得很仔细，她告诉张幼仪，为了表示对公婆的尊重，媳妇都是在公鸡打鸣前就要起床，梳洗穿戴整齐后去给公婆请安，直到他们让媳妇退下去,媳妇才可以离开。晚上也一样的要给公婆请安,这叫“晨昏定省”，是作为儿媳妇必须要遵守的规矩。母亲慎重地告诫张幼仪:在公婆面前无论如何都不要说“不”,任何事情只能说“是”;不管她和丈夫发生什么事情，都不得对公婆流露任何不愉快的情绪。只有做到这样，才会是一个合格的儿媳妇。

眼见着天色微亮，听着身旁徐志摩均匀的呼吸声，他显然昨天也是累坏了，此刻睡得正酣。张幼仪心里涌起一阵甜蜜，自己已经是徐志摩的妻子，她非常尊敬他，也很崇拜他，所以，她一定要做一个徐家的好媳妇。她忍住浑身的酸痛，轻轻地穿好衣服，安静认真地梳洗装扮，不弄出一点响动，她怕惊扰到徐志摩。等到一切收拾妥当，有佣人在门外唤少爷少奶奶，这是催他们去给老人家敬茶请安了。徐志摩也从睡梦中醒来。张幼仪赶紧给他拿来他要换的衣衫，伺候他洗漱。可是，经过昨晚的亲密，徐志摩却依旧冷漠地对待张幼仪，甚至连正眼都不肯给她。这让张幼仪不知所措，她不知道自己到底做错了什么，才招致丈夫如此对待她。

从小在张家就学会了隐忍和顺从的张幼仪，尽管不开心，但是她不能让公婆看出她的情绪。淡淡的表情，让徐志摩看了很不舒服，他感觉她真的是一个没有个性、没有感觉的“土包子”，便越发地生气，走路都不愿意和她一道，到了父母房间，请过安后，徐志摩直接就走出去了，看都没有看张幼仪一眼。而张幼仪敬茶请安后，一直待在婆婆的身边，直到婆婆体恤她昨天的辛苦，让她回去再休息一下，她才安静地退出去。如她料想的那样，公婆对她很满意，都认为她是个懂得礼数的好媳妇。

张幼仪小小的年纪，离开了熟悉温暖的家，离开父母兄弟的庇佑，嫁到了徐志摩家。对于张幼仪来说，徐家是个陌生的环境，在这个家庭她几乎没有一个可以说话的人。好在她从小在家就学会了揣度父亲的想法，所以她现在努力地去学着做一个称职的好媳妇，她必须得想着如何学会讨得公婆的欢心，因为这是中国的传统，母亲说作为一个女人必须得这么做。

徐家的生活和张家不太一样，他们比较实在一些。以前在张家，家里有许多的女佣人，女人们不用做事。只有在张家搬到南翔经济条件不好的情况下，家里的女人才自己动手做衣服、做鞋子，而一旦经济情况好转，又会请佣人来做。而徐家的鞋子都是女眷在家里自己做。于是平时大部分的时间，张幼仪就和家里的女眷一起为家人缝制鞋子。她们先把厚厚的鞋底和粗黑布的鞋帮缝在一起，然后大家都会用穿着真丝线的绣花针，在鞋面绣出各种精美的图案。张幼仪是个非常有心的人，在给老太太做鞋时候，她用了一些心思：她在鞋面上绣了层层的积云纹，然后在云纹的中间绣了一个“寿”字，这样老太太在走路的时候，积云纹随着脚步挪动而闪着华丽的光泽，更是衬托着中间的“寿”字的喜气。此举博得了徐志摩祖母的极大欢心。

对于新媳妇，婆婆有时候也有善意的试探和引导的意味，以便让她在徐家更快地成熟。徐志摩的父亲从来也不关心吃什么，厨房里的事情，完全地交给了佣人去自主安排。而张幼仪因为父亲非常注重饮食，潜移默化地受到一定的影响，所以，作为徐家儿媳的张幼仪有时候会去厨房，指点厨师们做一些更适合公婆的食物。有次她正在厨房和厨师们说点事情，婆婆走了进来。张幼仪诧异极了，因为婆婆从来没有进过厨房，她一时呆愣着，不知道做些什么才好了。这个时候有个在徐家待了很多年的老佣人，看到张幼仪的窘迫，赶紧塞了一把扇子给她，提醒厨房里热，她可以给婆婆扇扇子降温。

渐渐地，张幼仪适应了作为一个媳妇应该有的“小聪明”，比如在准备拜年的礼物上。一般中国人在春节、端午和中秋节时候，亲朋好友之间会互相馈赠礼物。但是硖石当地有个非常可笑且复杂的赠礼方式。通常去人家送礼都是四色礼物，而收到礼物的人家为了表示客气，都会退回两件礼物，如此循环。徐家虽然很有钱，但是日子过得还是非常节俭，绝对不会多浪费一分钱。徐家会把需要送出去的礼物放在一边，然后再把退回的礼物放在另一边，再组合成四色礼物送出去。这期间，要清楚记住哪些礼物是哪家退回来的，以保证再送出去时不会发生混乱。婆婆第一次跟她说到这事的时候，张幼仪觉得太麻烦了，万一不小心就会弄错了，就会让人家见怪。于是，她利用一次回娘家省亲的机会，根据婆家需要赠送礼物的名单，在上海采购了全部的礼品，总共花了她 40 块银元。当她满载而归回到徐家，婆婆见了，略有不悦地问她，买了这么些东西，一共要花多少钱啊？张幼仪机智地回答，只花了二十个银元，哄得婆婆十分开心，连声称赞这个事情办得好。能得到婆婆的赞赏，张幼仪非常开心，尽管这次买礼物她自己贴了二十个银元的私房钱，那些都是平时公婆每月给她的零花钱，她几乎没有用过。显然她很厌倦那些麻烦事，但又不能违背了老人的意愿。

张幼仪的公公是个对钱财分配十分精明的商人，他很风流，但是没有在家养小老婆，他觉得那样开销会太大了，他在镇上有许多相好的女人。听佣人们说，公公非常喜欢茶室里小脚姑娘们，她们虽然没有文化，但是她们就知道怎么叫男人神魂颠倒。那些小脚姑娘们会穿着漂亮的丝缎绣花鞋在桌子上跳舞；她们还会怂恿男人们争风吃醋为她们拼酒，她们会用香薰过的玲珑绣花鞋装着最后一杯酒，给最终的胜利者饮下。这里不仅是风月场所，更是男人们比拼实力的温柔乡。公公几乎每晚都要流连在镇上的茶室里，而无论他到什么时间回来，作为儿媳的张幼仪都必须要为他等门。公公是个习惯晚归的人，而婆婆又是习惯早起的人，这让严格的遵守着“晨昏定省”规矩的张幼仪十分辛苦，每天都感到觉不够睡，但还是保持最严格的礼仪，做一个合格的儿媳妇。

她可以做到用一些小心思去取悦家里的长辈，可却不知道如何取悦丈夫的心。徐志摩根本不给她了解他的机会，结婚的最初几天，徐志摩故意冷落她，每天很早就出门，当地的风俗是男子出门妻子不得随行，而到了晚上，徐志摩很晚才回来，除了遵从父母想早点抱孙子的意愿外，他甚至连房门都不愿意进。在结婚后几周，徐志摩立刻跟父亲提出要出去求学，而对徐志摩抱有很大期望的徐父也很高兴地同意了儿子的请求。

徐志摩还没有走的时候，尽管他每天不会陪伴张幼仪，更不愿意和张幼仪有任何的交流，但是毕竟丈夫还是在家里，张幼仪还有机会努力去改变丈夫对她的看法，因为张幼仪一直认为，父母之命的婚姻也不表示夫妻之间一定没有爱情，他们的爱情是可以婚后培养起来的。做妻子的先要对配偶和夫家尽为妇的义务，爱情总会跟着来的。这也是母亲教给她的道理，张幼仪很相信，因为自己的父母也是这样过来的。可是丈夫一旦离开家去别处求学，那么张幼仪连努力的机会都没有了。

丈夫离开家以后，为了打发百无聊赖的日子，张幼仪几乎每个月都会回娘家一次，在娘家和姐姐妹妹和哥哥聊聊夫家的事情，和母亲说些公婆对她很满意的情况，在娘家甚至还得到了徐志摩的消息。四哥告诉张幼仪，二哥现在和徐志摩走得很近，两个人是朋友。早在徐志摩去北京前，二哥曾安排徐志摩进了上海的浸信会读书，那是个基督教学校，就是后来的沪江大学。徐志摩的才智在浸信会里根本得不到发挥，那里的课程他学得非常的轻松，中英文学、中外历史、数理化，还有圣经，他每门功课都是优秀。渐渐厌倦了那里的学习氛围，他便离开了上海北上求学。四哥称赞说徐志摩非常有理想，将来一定前途无量。张幼仪并没有好意思和家里人说徐志摩对她的轻视，所有的苦闷都装在了心里，为了不让娘家人为她的事情感到担心，她表面上总是不惊不喜，平淡如常。

硖石是个很小的镇子，乡民们多数没有见识，喜欢谈论别人家的是非。作为硖石最有影响力的徐家，总是人们热议的话题。对于张幼仪总是回上海娘家，镇上的人有了猜疑，大家聚在一起会说到是不是徐家的儿媳妇和婆婆处不来，或者和丈夫处不好，难怪徐志摩刚结婚就出去求学了。出嫁的女人哪有经常回娘家的道理，是不是城里小姐的脾气太大了？

这些风言风语传到了徐志摩父亲的耳朵里，他感到面子上挂不住了，他告诫张幼仪以后一定对自己的行为要节制，不要经常回娘家，最好也不要经常出门。

这一年，张幼仪十五岁，严格来说还是一个孩子，正处在对一切事物很好奇的年龄段。但每天她只能固守着一方庭院，看那飞鸟从庭院四角的天空飞过，她却没有那双自由的翅膀。她每日里安静地陪伴着婆婆做针线，婆婆很高兴，这是个能安守本分的好媳妇，只是不了解她的内心是多么希望能像徐志摩那样出去学习。她知道这在徐家是绝对不可能实现的，他们连院子门都不想让她出，怎么可能同意她去上学呢，况且，在前几次回娘家的时候，她也托哥哥们打听过了，尽管她曾在苏州女子学校读过两年，还有一年半就可以拿到教师资格证书，但是，由于她结婚休学一年，如果她想拿到证书，还必须回学校重新读一次二年级，这样一来，这件事无论如何是再没有可能了。

张幼仪有时候坐着沉思的时候，看到自己的一双大脚，心里一阵苦笑，她曾经很庆幸自己没有遭受缠足的厄运，可如今看来，她这一双大脚并没有给她带来任何的好处。在徐志摩的心目中，嫌弃她依然是个传统守旧的过时妇人；而在公公婆婆这里，责怪她不能循规蹈矩，长着一双大脚整天惦记着往外跑。

每当徐志摩来了家书，公公总是把家里人召集在一起，高声地朗读徐志摩的来信。从信中，张幼仪了解到徐志摩已经进入了北京大学学习。北京大学是当时最负盛名的大学，由一些传统文化和西方文化集于一身的大家在治校，那里是一个自由和开放的文化大家庭。在那里，徐志摩结识了许多新文化的领袖人物，比如胡适，他是积极推动白话诗的先驱者。胡适提倡要用无拘无束、创新的白话文写文章，这正符合了徐志摩一贯以来的想法。在这里，通过张幼仪二哥的推荐，徐志摩还有幸结识了梁启超，后来梁启超还收了徐志摩做弟子。接触了这么多新文化运动的领袖人物，徐志摩的进步显而易见，这对他以后成为中国最优秀的白话诗人起到决定性的作用。

大家都喜滋滋地听着徐父渲染着徐志摩的精彩生活，信中徐志摩流露出的喜悦溢于言表，他喜欢那种开明积极的学习氛围。可是从始至终，家书中没有提到张幼仪一个字，她多么希望丈夫能问到她在家的情况，哪怕是信尾略微带一笔也好啊，她不知道徐志摩是因为学习太忙碌无暇提及她，还是刻意冷落这个让他瞧不上的妻子。令人难堪的冷漠，让张幼仪感到非常的难受。

快要到徐志摩放假了，张幼仪心里有些期待，她想这次回来，也许自己和徐志摩的关系会有所改善，她知道徐志摩在北京和自己的二哥是好朋友，看在二哥的面子上，也可能会对自己稍微温和一点。如果徐志摩有心，就一定会从二哥那里知道自己的一些情况，这样相处起来一定就会容易些。在张幼仪的盼望中，终于等到徐志摩回来了。张幼仪和家人一起在门口迎接他，看着容光焕发的他和公婆热烈地谈笑着，却一点笑容都没有给自己，张幼仪的笑意凝固在嘴角，垂下眼帘，继续做一个沉默的妻子。

俗话说“小别胜新婚”，新婚夫妻离别后刚刚重逢，张幼仪总希望徐志摩在私底下能和她说些体己话，或者把在学校里新鲜见闻也说给自己听听。但徐志摩还是如离开前一样，没有对张幼仪增加半分好感，张幼仪悲哀地发现自己连想分享一下他的喜悦也是一种奢望。

徐志摩对家里每个人都很友善，唯独不喜欢看见张幼仪。只是为了完成传宗接代的孝道，才不得不和张幼仪同房，他根本不愿意与张幼仪有任何言语上的交流。

张幼仪多想他能在假期多陪陪自己啊，可是徐志摩依然动不动就出门。大清早的，徐志摩忽然不声不响的就离开家，张幼仪出于好奇，就问佣人徐志摩的去向，佣人说徐志摩是去了东山顶上，那里有一座天然的女石像，人们称之为望夫石。那块望夫石有个悲伤的传说，据传当地有一位妇人，她的丈夫出门经商一去之后杳无音讯，她每天都站在那块突出的礁石上远眺海天的尽头，希望能等到自己丈夫回来。可是等了很久很久都没有等到良人回归的身影，妇人伤心极了，最后竟然默化成石，面对着大海，永远地守候在那个小山上。张幼仪不知道徐志摩去那里是等什么，倒是觉得自己很像是那块望夫石，在等待丈夫的垂怜。

渐渐地，张幼仪终于确定，徐志摩是真的无视她的存在，而不是因为忙碌。就算张幼仪和他一起坐在院子里，他也根本不和她说一句话。他需要什么东西，甚至抓个痒痒这样的事情，他宁愿让佣人去做，也根本不会和坐在他身旁的张幼仪说。他的眼神从不停留在张幼仪身上，就当她是空气一样的存在。毕竟当时太年轻，张幼仪根本不知道如何改变这个局面，如果两个人能吵架或者是互相伤害也是好的，这样蚀骨的冷漠，任是谁也化解不了的死招。在徐志摩这样漠不关心的态度下，张幼仪没有了开口的勇气。对于徐志摩的沉默，张幼仪只好以沉默相待，他们在一起可以连续好多天一句话也不说。

04 - 阿欢的诞生

日子终究不会这么一成不变，在徐志摩回来后的一个多月的一天，在全家共同进餐的时候，张幼仪忽然失礼地干呕了一声，她抱歉地赶紧离开了餐桌，来到了院子里站着，可是婆婆跟在后面也出来了，看了看她，继而很肯定地说："你有喜了。"她这么一说，张幼仪才明白过来，为什么这一段时间胃口都不太好，想吃酸的东西，毕竟自己从来没有过经验，原来竟如婆婆说的那样，是怀孕了啊。

自从确定张幼仪怀孕以后，她在家里地位立刻就不一样了。徐志摩是独子，张幼仪怀的是徐家第一个孙子，徐家全家都重视了起来。婆婆吩咐厨房每天都要做一些有营养的食物给张幼仪补补身子，一些针线活什么的也不要张幼仪做了，甚至"晨昏定省"这样的规矩也一概不用遵守了。张幼仪妊娠反应很厉害，头三个月几乎吃什么都呕吐了出来，也出现了很多孕妇容易出现的嗜睡情况。直到怀孕的第四个月，害喜的症状才消失，这个时候，张幼仪有时能感到胎儿在腹中轻微地动了，这让她有了一种做母亲的幸福感。

婆婆在张幼仪孕期经常陪伴在身旁，观察着张幼仪的变化，看到张幼仪经常喜欢吃酸的东西，有次一高兴说起了当地“酸儿辣女”的俗语，说是怀了男孩才喜欢吃酸的东西，怀了女孩一般喜欢吃辣的东西，虽然这是婆婆的吉利话，但是也透露出来老太太的期望。在中国有一个传统观念，女人、月亮以及所有被动和幽深的东西都属于阴界；男人、太阳以及所有强势和崇高的东西，都属于阳界。人死的时候，是从阳世转到阴世。一个家族祭祀阴界祖先必须是儿子、孙子等阳性后嗣才可以，阴性后人不能参加敬奉祖先，否则死者会离开阴界，变成孤魂野鬼，侵犯阳界。女人的责任则是延绵子嗣。张幼仪的母亲生了八个男孩，所以祖母很喜欢她，觉得她对张家的贡献非常大。

在张幼仪心中，她很希望自己能为徐家生一个男孩子：首先从徐家的香火延续考虑，徐家的产业很大，而徐志摩是个醉心于文学的人，对经商并不感兴趣，如果张幼仪能生个男孩，那么徐家庞大的产业就有了继承人；再者，在张幼仪认为，没有父亲不爱自己儿子的，如果能够生个男孩子，也许可以化解她和徐志摩之间的寒冰一样的关系；人们常说“母凭子贵”，能给徐家生个男孩对张幼仪的今后也是一个保障，就算徐志摩对张幼仪再也无法有感情，那么有个儿子做依靠，对女人的一生也是一个安慰。张幼仪的想法是对的，但徐志摩的态度丝毫没有改变，这一点她完全没有料到。徐志摩对于张幼仪的怀孕并没有什么欢喜的表示，反而能看出一种轻松的感觉，好像他终于完成了一项任务一样。而更让张幼仪没有料到的是，对于儿子，徐志摩从来没有尽过心，第一个儿子是这样，第二个儿子也是这样，他没有关心过，甚至幼子病殁，他都不在场。

俗话说："嫁出门的女儿，泼出门的水。"那个年代的女人结婚后没有特殊的原因，娘家人一般不会到女儿家里，免得生些闲话出来，对女儿在婆家的印象不好。直到张幼仪怀孕的最后几个星期，母亲终于可以依照当地的风俗，名正言顺地来硖石看望张幼仪。母亲这次来是带有一定的仪式性的，除了要测试女儿生产时候是否痛苦，还要占卜将要出生的孩子是男孩还是女孩。

母亲拿着一捆婴儿衣服递给张幼仪，告诉她要用点力气快速地将这捆衣服抖开分散在床上。结果张幼仪并没有将衣服抖开，衣服落在床上还是一整捆，张幼仪抱怨母亲把衣服捆的也太紧了，母亲用心疼的眼神看着张幼仪，告诉她生产的时候，她会疼很久。接下来测试的是母亲和张幼仪都非常关心的问题，生的是男孩还是女孩。母亲让佣人给张幼仪端来一大碗米饭，在碗底交替排列着肉丸和水煮蛋，让张幼仪用一根筷子选准一个地方插下去，筷子插到的如果是肉丸子，就表明生的可能是女儿，如果插上来的是水煮蛋，那么就可能会是男孩。张幼仪拿着筷子也有点紧张了，闭上眼睛默念了一会，一筷子向碗底插去，结果插上来的是个肉丸子。张幼仪说这次不算，是不是母亲把肉丸子准备得太大了，又或者给她准备的象牙筷子太滑了，所以才这样。母亲告诉她这是命中注定的，所以不要狡辩。

虽然这些都是民间不成文的陋习，还是让母亲有点失望，但是看着张幼仪闷闷不乐的样子，她只能轻声地安慰着女儿，说以后还有很多机会生男孩的，自己就生了八个男孩子。

母亲带来的这些毫无根据的测试，确实影响了张幼仪的心情，她想到她以前听过的一些传闻。以前宝山的乡间有户小老婆生了一个女孩，她担心自己在家庭的地位不保，她用手段逼产婆起誓绝对不透露孩子的性别，然后对外宣称是生了儿子。她精心地维护着自己的谎言，将女儿做男孩子打扮，一直过去了十五年，直到身体发育无法隐藏住女孩子的特征而败露。这事在当地引起了不小的轰动，人们无法想象怎么可能隐瞒了十五年这么久。

这种极端的例子也表明了如果生了女孩子，女人在家里的地位会很低，甚至还能影响到女子死后的“地位”。所以很多被命运捆绑的女人，生了女儿以后，她们会把孩子的生辰八字别在襁褓上，然后找一个有人经过的地方遗弃掉，只希望有好心的过路人能收养，不过这样的孩子很多命都不大好，很大可能是被人当作童养媳卖掉。而有些狠心一点的，甚至会在生下女婴后将其溺毙。每每想到这些，张幼仪不禁暗暗下了决心，就算自己生下的是女儿，也一定好好地抚养，绝对会不给孩子裹小脚，会让孩子接受完整的教育。

1918 年 4 月 22 日，张幼仪感到肚子一阵阵疼痛，婆婆立刻就紧张了起来，她知道张幼仪是快要生了。她让人请来了产婆给张幼仪接产。在一阵更甚一阵的疼痛中，张幼仪精神恍惚了起来，她感到周围很多人在忙碌，产婆大声地安排佣人，有人在她的床边跑来跑去忙碌着。产婆让她稳定心神，教她怎么用力气，开始她还能照着产婆说的如何深呼吸、吐气什么的，到后来她痛得完全没有了力气，她想起了母亲给她做的测试真的应验了，那捆婴儿衣服她没有抖开，所以生孩子的时候受了这么大的罪。一阵剧痛袭来，张幼仪一下晕了过去。伴随着一声响亮的啼哭，孩子出生了。尽管张幼仪还在昏迷之中，产婆并没有去照顾她，注意力都集中在了孩子身上。产婆事先听徐家人说过，占卜的结果是个女儿，当她习惯性往新生儿的裆部一瞥，竟然是个男孩，这可把产婆高兴坏了，失声惊呼道："是个男孩！"她心里惦记着，徐家知道降生的是个男孩，自己的红包一定很丰厚。

张幼仪在昏迷中被产婆的声音惊醒，她听说生的是男孩，终于宽慰地笑了。还好，上天眷顾，给她送来一个儿子。产婆抱着孩子给她看，她想伸手摸摸自己的孩子，可是一点力气都没有。她躺在床上，房间进来很多人，看着婆婆喜滋滋地抱着新生儿，大家都恭喜他们母子平安。她自己知道，这一刻，人们把她看成了徐家最有功劳的人。

公公婆婆对于家里新添的男丁，异常地高兴。送了很多红蛋出去，告诉全镇的人徐家有了长孙。张幼仪看着身旁睡着的儿子，一扫结婚以来被丈夫冷落的阴霾，她觉得这个柔软的小身体，就是她以后全部的希望，以后再有任何的风雨，为了这个孩子，她都会好好地生活。

徐志摩对于儿子的出生也非常高兴，终于没有辜负父母的意愿，给徐家生出了一个强健的男孩。不过他并不多看这个孩子，更不敢抱自己的儿子，总担心会摔了他。他不想过多地和张幼仪接触，索性很少去看他的儿子。他高兴的是有了这个孩子以后，徐家的香火有了传承，他就可以让父亲答应他去出国留学，再也不用被迫留在家里每天面对着自己不喜欢的女人了。

早在中学时期就提到的出国留学问题，就重新拿出来讨论了。对徐志摩的才华一直持肯定态度的父亲，见子嗣的问题得到了解决，他也就欣然同意儿子的留学计划。于是，在儿子出生刚几个月，也就是 1918 年的夏天，徐志摩便离开家，前往位于美国马萨诸塞州沃赛斯特的克莱克大学，攻读银行学和社会学。

在那个交通不便利的时代，跨越太平洋是一个非常遥远的距离，那就意味着也许是几年都不会相见，想到这么远的离别，张幼仪心里感到一阵慌乱，可是她没有任何理由来阻止徐志摩的脚步。临行的时候，张幼仪抱着儿子和大家一起站在门口送徐志摩，和父母话别后，大家稍微留了一点时间给张幼仪，希望他们夫妻能说几句话。可当张幼仪抱着儿子走上前，徐志摩却像没看见一样，立刻转身就上了车子，他的眼神没有停留在张幼仪的身上，他的心早已飞越了大洋，去追求他理想的自由生活去了。

有了孩子的咿咿呀呀声，徐家就热闹多了。公婆对这个孙子疼爱有加，声称徐家这第一个孙子比世界上所有的财富加起来还要宝贵。吃的穿的都是挑选最好的；襁褓是用西北最有名气的长绒棉棉絮，外面缝上上等棉布制成；他人生的第一个玩具是用象牙雕刻成的一柄如意，表明爷爷奶奶希望这世上所有的一切都“如君之意”；用一百份徐家亲戚的贺礼打造了一把小铁锁，用一根金链子挂在孩子的脖子上，唤作“百家锁”，寓意是以一百个亲人的祝福，将他的命“锁”好，从此以后一生平平安安，逢凶化吉。

徐家给孩子取名“积锴”,“锴”是良铁的意思,代表着刚正、果敢、公平。这样充满阳刚之气的名字，颇让徐父喜欢。而这孩子非常可爱，喜欢笑，喜欢动，非常活泼，给全家带了快乐，所以小名字就取作“阿欢”。公公自从这个孩子出生以后，在家里的时间就会逗弄孩子，而婆婆再也不做鞋子，改为整天为孙子缝制衣服了。

徐志摩临行前依旧的冷漠，让张幼仪对他已经不抱什么希望了，没有丈夫的爱，她只希望能好好照顾自己的儿子，就算以后老了，也有个温暖的依靠。可让张幼仪没有想到的是，在徐家，就算她想亲自照顾自己的儿子也是一件不可能的事情。张幼仪自小喝人奶喝到六岁，身体素质一直很好，虽然生产的时候有些虚弱,出了月子就已经调养好了,完全有能力照顾孩子。可是婆婆担心张幼仪过于年轻没有经验，所以孩子一直是由佣人和奶妈来照看，而公公婆婆和祖母整天都在监督他的养育过程，张幼仪根本没有机会多接触阿欢。张幼仪偶尔抱一抱孩子，婆婆就会纠正她抱孩子的姿势，她想亲自给孩子洗澡，保姆还在旁边候着，生怕让孩子受凉；就连晚上睡觉，阿欢也不能和张幼仪睡在一起，而是自己单独一个小床，小床旁边的地下，就设置着保姆的床铺。张幼仪悲哀地发现，自己一直以来就不能做自己，只能做一个听话的玩偶，别人叫她做什么她才能做什么，根本不能按照自己的意愿行事。

不过她也明白，徐家是真心的对阿欢好，只是怕她照顾不好孩子而已。

阿欢出生一周岁时，家里举行了“抓周”仪式。这是在婴儿周岁时预卜其前途的中国传统民间习俗。家人在他面前摆了尺子、小算盘、铜钱和笔等物件，阿欢看了片刻，眼睛先瞅着算盘，继而扫到尺子，最后盯上一样东西，伸手便抓起——哟，那正是徐志摩用过的一支毛笔。徐志摩父亲喜出望外，把孙子高高举起，连连道：“又是一个读书人！我们家孙子将来要用铁笔！”这“铁笔”，是指官府重要文告上常用语“铁笔不改”，阿欢取名“锴”即有此寓意。徐家从来没有出过官员，在生意场上有时颇受掣肘，这也是张嘉璈为张幼仪提亲时，徐父立即响应的原因。徐老太爷希望孙子从政入仕，只是徐老太爷没有想到，徐积锴后来的生活道路，却与祖父希望的大相径庭。徐志摩死后不久，他中学毕业，遂入交通大学念土木工程。1947年徐积锴赴美，在哥伦比亚大学和纽约科技大学攻读经济和土木工程，先为土木工程师，后从商，跟笔墨生涯始终无缘。

第四章 追随——不能承受之痛

01 - 到欧洲去

在徐志摩离开中国去美国之后的日子里，中国发生了巨大的变化。第一次世界大战结束，中国掀起了全面反帝反封建的五四运动，张幼仪不知道，正是这场轰轰烈烈的运动，改变了她的生活轨迹。

二哥从德国归来后，在上海办了一份独立的报纸，作为爱国进步人士，他与梁启超等人打算组成非正式代表团开赴巴黎，为“巴黎和会”做一些工作。自从张幼仪生下阿欢以后，公公婆婆对她的约束稍微放松了些，对于张幼仪回娘家一事，不再有意见。于是在二哥临行之前，张幼仪回到娘家，见到了二哥。简单谈了一点别的事情后，二哥忽然问张幼仪：“你什么时候到美国与徐志摩团聚呀？”张幼仪被问愣住了，因为她从来没有想过自己要出去和丈夫团聚，她以为他的任务就是在家里侍奉公婆。二哥见她迷茫的神情，就知道她大概从没有过要走出家门的想法，于是二哥开导她说：“你对徐家已经尽到责任了，”二哥拍了拍张幼仪的肩膀：“现在你应该跟你的丈夫在一起，甚至可以去西方求学。”二哥这番话，犹如黑暗中的一盏明灯，为张幼仪指明了以后的方向。

因为结婚，她被迫从苏州女子学校退学，一直是横亘在她心中的一个痛。但是作为旧式大家庭的儿媳，她根本没有为自己抗争的权利。她羡慕哥哥们和丈夫的博学，希望自己也能有自由自在学习的机会。出于自小养成隐忍温顺的性格，她从来没有想到过为自己争取什么，但是二哥这么一说，真的点燃了她内心的火苗，她对于二哥的提议十分感兴趣。但是公婆刻板的面容立刻从张幼仪的脑海闪过，她仿佛又气馁了，徐志摩的父母不会同意她去美国找徐志摩，而且依公公的性格，他也不会同意负担张幼仪在外国的学费。她刚刚泛起希望的眼眸立刻黯淡了下来。二哥仿佛读懂了张幼仪内心的所有话语，他安慰张幼仪不要灰心，总是有机会的。张幼仪忽然想到一个办法，她告诉二哥，如果徐志摩写信要求张幼仪去美国，徐家一定不会拒绝儿子的要求。二哥立刻一口承诺，向张幼仪打包票说："徐志摩会来信要你去的，他会希望你了解西方的。"

接下来的日子，张幼仪在热切的期盼和兴奋的憧憬中过着日子。她知道二哥和徐志摩关系非常近，二哥一定会说服徐志摩写信要求她出国陪读。她经常在脑海中幻想着他们以后相处的画面：在一个简朴的家里，徐志摩在做学问，张幼仪安静地准备两个人的饭食;或者是张幼仪穿着西式校服，手里抱着书本，和徐志摩并肩走着去上课，就像她和大姐在苏州女子学校那个时候一样。张幼仪沉浸在对未来美好生活的向往里，迫不及待地等着徐志摩的家信。

还是按照以前的老习惯，徐志摩每次来了家信，徐父依然是把家人召集在一起，他朗读信里的内容。张幼仪认真听着信里的每一字内容，信的开头一般都是问候父母，然后是介绍自己在美国学习的各种见闻，信的最后问候到了张幼仪和阿欢的状况。也许是为人父亲的责任感，徐志摩在几次的来信中，提出要张幼仪带着孩子在四周转转，不要整天都待在院子里。他还要张幼仪将阿欢刚开始练习的毛笔字寄给他看看。张幼仪内心隐隐有些安慰，毕竟徐志摩成为父亲以后，确实比以前要好了一点，最起码对张幼仪也有了问候。可是让张幼仪感到失望的是，徐志摩从来没有在信中提出要她到美国去。

五四运动的浪潮波及全国，全国各大城市的学生纷纷加入当地的示威行列，广泛的工人罢工潮也随之形成。1919 年 6 月 5 日，上海工人开始大规模罢工，以响应学生。上海的罢工浪潮波及到徐家在上海的产业。张幼仪的公公不得不暂时关闭了上海的几家工厂，随时关注时局，做出新的调整。

在全中国各界的努力下，学生和工人最终赢得了这场斗争，北洋政府迫于压力，终于答应拒绝在丧权辱国的“巴黎和约”上签字，政府释放了被捕的学生和工人代表。1919 年 6 月 12 日以后，工人相继复工，学生停止罢课。

二哥没有忘记问张幼仪，徐志摩是否来信要他们去美国团聚。张幼仪黯然地摇头。二哥沉吟了一会说：“他这么久没有写信给你们，一定出了什么岔子。”

一句话一下勾起了不详的预感，张幼仪忽然想到一年前，徐志摩和她的一次谈话。张幼仪嫁到徐家差不多四年，而徐志摩总是不愿意面对张幼仪，仿佛他不和张幼仪见面就能逃避这桩他不情愿的婚姻。四年的婚姻，而他俩在一起相处的时间还没有四个月，就连这四个月多数时间都是沉默相对。而那一次的谈话，是那四年里徐志摩和张幼仪说话说得最多的一次。对于徐志摩那一次谈话的内容倒不记得很全，因为他说的都是她听不懂的一些内容。只记得他慷慨激昂地说什么全国正经历一场变局，人们不用再屈从于封建礼教的束缚，这场变局将使人们获得自由。他的眼神透过玻璃镜片灼灼闪光，他声称他要向传统礼教挑战，做中国第一个离婚的男人。这最后一句话张幼仪听懂了，他是要离婚。不过当时他讲这番话的时候，张幼仪并没有往心里去，她只是安静地看着他在房间里焦躁地转来转去，犹如一头困在笼子里的动物。

第一次从徐志摩口中听到离婚这个词时，张幼仪只是以为他故意标榜自己思想已经很西化，才说出这样的话。中国人过去把离婚简单地叫作“休妻”。《仪礼·丧服》中有“七出”，不孝顺公婆、没有子嗣、淫、搬弄是非、盗窃、妒忌、恶疾七条，妻子要是犯了其中的一条，夫家就可以将其休掉。“七出”的内容是以夫家家族的利益为前提，凡是妻子的行为不能符合这些利益，丈夫就可以提出离婚。旧时代，被夫家休掉的女子是非常可悲的，被夫家赶出来，又会遭娘家嫌弃，她们的结局大多非常不好，走投无路的女人们通常有三条路走：从娼、出家和自尽。张幼仪嫁到了徐家，谨言慎行，勤劳持家，深得公婆的喜爱，又为徐家生了一个长孙，尽到了一个媳妇的本分。正是因为张幼仪没有触犯任何一条规定，所以她并不担心徐志摩说的离婚。再说就算徐志摩以和张幼仪感情不好而提出离婚，徐家看在张幼仪的本分孝顺和张家的背景，也绝对不会同意徐志摩的做法。按张幼仪的想法是，就算得不到丈夫的爱，她还有公婆和自己的儿子，徐志摩年轻时候不喜欢待在家里，到老了还不是得回到家庭，这样的事她也见过。

而哥哥提醒她说是不是出了什么岔子，一下让张幼仪有点慌了，因为确实很长时间没有收到徐志摩的信了。他在美国那么远，又有着丰富精彩的生活，也许他根本就忘记了这个家里有儿子和她在等他。

看着她缄默不语，二哥似乎也有点不忍心了，他告诉张幼仪，他会劝说张幼仪的公公，让他同意张幼仪到美国去跟徐志摩团聚。

二哥在上海的政界已经是响当当的人物了，张幼仪的公公去上海谈生意时候，经常会和张幼仪的二哥会面，在一次碰面中，二哥和徐志摩的父亲谈到，应该让张幼仪去美国陪伴徐志摩，否则两个人的心就越来远了。如张幼仪所料，公公果然以张幼仪要陪伴婆婆和照顾阿欢为理由婉拒了二哥的提议，说是家里实在离不开张幼仪。

张幼仪很明白公公的想法，他是个很传统的人，他有着根深蒂固的旧思想：男人一定要学习新的知识，接受新的思想，那是以后安身立命、兴业振邦所必须要掌握的技能。而女子，“无才便是德”，在这新旧思想交替的时代，一个什么都不懂，头脑简单的媳妇比一个在洋学堂里学了满脑子讲自由独立的新女性更好管教一些。

不过徐父也不能完全驳了张幼仪二哥的面子，他还是答应如果张幼仪想学习的话，他可以请家庭教师教授张幼仪知识，不必远涉重洋，毕竟一个女人还是不方便抛头露面的。就这样，张幼仪虽然没有达成出国陪读的愿望，但也是能够每天有了固定的学习时间，而不是整天做鞋子和无所事事了。

事情的转机往往出乎人的意料，就在张幼仪已经放弃了出国陪读的念头，和徐志摩伯父家的几个未出阁的女孩子一起，在家里接受老师的简单教导已经有一年多了，家里忽然决定让张幼仪出国陪读了。这个决定是徐志摩的父亲做出的，因为在最近半年以来，他接到徐志摩的来信很少，而且在字里行间，都读出了徐志摩在异国的无奈甚至是不安。这让徐志摩的父亲很着急，他不知道徐志摩到底是在美国发生了什么事情，还是学业上遇到了什么困难。而徐志摩随后寄来的一封信，让张家人大吃一惊，在信中他告诉父亲自己已经决定离开美国的大学，因为他不喜欢经济和社会学，他要去欧洲了，那个浪漫文艺氛围是他所喜欢的，他要在那里主攻文学。这个决定让徐父大为恼火，因为徐志摩虽然一贯任性调皮，但是一直以来还算是个孝顺的孩子，不和父母商量，就擅自放弃了在读的博士学位，放弃了唾手可得的锦绣前程，这让徐志摩的父母感到很震惊。

徐志摩父亲对儿子的行为感到很生气，但是徐志摩已经对自己的前程做了调整，阻拦已经没有用了。父亲没有回复徐志摩的信，以表示家里对于他私自做出的大胆决定的一种冷漠回应。

儿自离纽约以来，过两月矣！除与家中通电一次外，未尝得一纸消息。……儿海外留学，只影孤身，孺慕之私，不倅謦述，大人爱儿岂不思有以慰儿邪……如此信到家时，犹未有解决，望大人更以儿意小助奚若。儿切盼其来，非徒为儿媳计也……

从信中看，徐志摩也明白自己做出这个决定会让父母接受不了，所以信中的语气充满忧郁和羞愧。从这封信中，徐志摩的父母才真正体会了徐志摩的处境：徐志摩在外国生活得也很辛苦，虽然经济方面很宽裕，但是毕竟从小到大都是一个被别人照顾的少爷，国外不比国内的情况，什么事情都要自己来做，确实让徐志摩感到难以应付。徐志摩的父母再不忍心过于责备儿子，眼下唯一的办法，就是最好让张幼仪去欧洲陪读，有她在徐志摩的身边，生活方面自然是会照顾得很好，这样徐志摩也就能安心地完成自己的学业。

张幼仪的性格稳重温顺，当年徐父一口答应这门亲事，也是因为听说过张幼仪的好性格。徐父希望她的沉稳能影响调皮好动的徐志摩，让他成熟一些。尽管公公并不赞成女人抛头露面，远渡重洋，但就目前徐志摩的状况来说，没有人在身边陪伴，也确实让家里不放心。虽然徐志摩在信中并不曾要求家里送张幼仪去陪读，但是徐父决定要将儿媳妇送到儿子的身边照顾他。

公婆商量过后，立刻把这个决定告诉张幼仪。这个突然降临的好消息，张幼仪简直不敢相信，她抑制住内心的狂喜，只是淡淡地垂首应允。退回到自己的房间，她感觉自己的心在胸腔内快要跳出来了，自从二哥跟自己提到出国之事后，这想法在她的心里就没有一天停歇，她无时无刻不在想像自己象哥哥们、徐志摩一样在外国学习的场景。自从公公拒绝了二哥的提议后，张幼仪觉得自己的这个理想再也没法实现了，不成想一年之后，家里忽然就同意她出国了，这简直让她太兴奋了。对于出国的期待，除了能见识更宽广的的世界外，她心里还是想着能修复她和徐志摩的感情，毕竟两地相隔的太久，就会更加无法沟通，况且在阿欢生下来以后，徐志摩的态度似乎较之以前有了很大的改变，经常在信中也提到她和儿子。从几个方面来看，张幼仪的欧洲之行是很有必要的。

由于阿欢还太小了，公婆不放心让张幼仪带到欧洲去，这样张幼仪就面临着要和儿子分别了。好在阿欢之前一直是由婆婆照顾，张幼仪这才放心将家里的一切琐事放下，专心地为欧洲之行做准备。

02 - 镜头内外

上海是中国最早开埠的港口之一，是当时中国接触西方社会的窗口，所以上海的社会风气非常自由开放，家庭条件相对好些的人都会找机会留洋。张幼仪公公很快就和一个要去马赛的家庭联系好，张幼仪即将和那个四口之家一同前去法国。

从亚洲到欧洲，轮船横跨太平洋需要好几个星期，在海上的这些日子，张幼仪没有任何事情做。她认真地梳理了自己和徐志摩的关系。得出结论是自己太过于被动，应该一开始就给徐志摩一个开朗大方的好印象，而不是这种唯唯诺诺的总是低着头的谦卑态度。她决定这次看到徐志摩一定要大方地给他一个笑容，记得哥哥和她说过，西方国家的男人很有绅士风度，女士很受尊重，完全和国内不一样。她想徐志摩在这样的社会风气熏陶下，一定对自己不会再像国内的那个样子。而且通过最近一年的学习，她自己知识也有所长进，只要徐志摩给她机会，就一定会看到她的变化。

船上大多数都是中国人，同行的那对夫妇是很健谈的人，在海上航行的这些天，他们和船上的一些乘客已经相当熟悉了，当别人好奇地问张幼仪为什么只身去那么远的国家时，这对夫妇告诉别人，张幼仪是应留学丈夫邀请去法国陪伴丈夫的。大家很羡慕他们夫妻感情深厚，因为在那个年代，丈夫在海外，而妻子留在国内的很多，能被丈夫邀请一道去国外读书，让众人都很羡慕。耳中听着别人真诚的祝福，张幼仪无言以对，只能笑笑便匆匆回到自己的船舱。因为她心里最清楚，她是公公婆婆硬送到法国去的，并不是出自丈夫的意愿。她有时盼着轮船能开得快点，好让她早点见到徐志摩，可是有时候又希望轮船开得慢点，她吃不准徐志摩到底对她会是什么样的态度，因为她从来没有见到过他对自己和颜悦色过。

在矛盾与忐忑中，轮船已经驶入马赛港口，岸边等待着的人很多，不管是中国人还是外国人、男人还是女人，每个人脸上都带着热烈的期盼，看着轮船渐渐靠岸，很多人急切地往前挤，想早一点接到自己要等的人。可是，张幼仪的眼睛搜寻过一片焦急热切的面孔，最终落在一个穿着黑色长大衣、带着白色丝质围巾的瘦长的人身上，他站在人群之后，脸上带着一丝厌烦的表情，张幼仪能看出他是这群人中唯一一个极不情愿来到这里的人，他的眼神空洞冷漠，根本不肯和张幼仪期待、热烈的眼神相对。张幼仪的心一下凉了，就算知道徐志摩并不喜欢她来到法国，但是，她总觉得自己是他的亲人，孩子的母亲，跨越了大半个地球来到他的身边，无论如何最起码要问候一下她旅途是否疲劳，毕竟她从来没有出过这么远的门。面对徐志摩冰冻的神情，张幼仪在船上排练了无数遍的笑容再也无法绽放，她不知道徐志摩到底有多么厌恶她。

张幼仪静默地来到徐志摩身边，徐志摩用眼角的余光扫到她来到了跟前，立刻转身就往前走，根本不管跟在身后的张幼仪。张幼仪在海上颠簸了三个多星期，刚下船还非常不适应，感觉脚下的大地还在摇晃着，走起路来深一脚浅一脚。徐志摩丝毫没有要帮她一把的意思，他快步在前面走着，张幼仪踉踉跄跄地跟在后面。若不是如此坚强的张幼仪，谁也无法承受这样的难过。她忍住眼泪，心里暗自责怪自己，为什么要来到这里继续遭受他的轻视。她心里嘲笑自己编织了一个美丽的梦，以为在这个陌生的国度，自己是他最亲的人，一定会感受到来自他最真切的关爱，却没有料到见面竟是这样的情形。这是她一生最失望的时刻。她已经能够确定，她无论如何也走不进徐志摩的心里了。她莫名地产生了一丝恼火，手里拎着沉重的行李，按照自己的节奏沉默地走在后面。徐志摩走了一截，感觉到后面张幼仪没有跟上来，便又停下来，嫌恶地朝不远处的张幼仪看去，张幼仪则回敬他一个同样不友好的眼神。

徐志摩根本不管张幼仪旅途劳顿，应该要休息两天再进行别的活动，就告诉张幼仪，已经买好了两张火车票，他想要去巴黎看看。于是刚下了轮船，根本没有休息一刻钟，他们便又匆匆地赶到火车站，坐上了去巴黎的列车。

在火车上，徐志摩简单地问了一些家里的情况，尤其是想知道父亲对他擅自放弃了美国博士学位的态度，张幼仪并不热切地回答他的问题，他问一句，她才答一句。随后两人陷入了长久而尴尬的沉默，这根本不是一对久别重逢夫妻该有的情形。

在火车上，徐志摩忍不住抱怨她穿成这样怎么见人，张幼仪感到很无辜。在硖石临出行前，她对自己的行李收拾得很用心，带上了她最昂贵的衣物和首饰，又在硖石最好的裁缝那里缝制了几件行头。为了给徐志摩一个好印象，靠岸的前一天晚上，张幼仪将箱子里所有的衣服都收拾了出来，特意挑选了一套最好的衣服。刚从港口这一路走来，她虽然也觉得法国女人穿的衣服和自己完全不一样，但是，她能有什么法子呢，中国人不是都这么穿吗。

下了火车的第一件事，徐志摩便是领着张幼仪来到百货公司，他要给张幼仪挑选几套洋装。徐志摩用外语和售货员谈论购买衣服的要求，售货员小姐说着什么，徐志摩不时地摇摇头，皱着眉，扫向张幼仪的眼神满是鄙夷。他选了几套衣服，拿起来在张幼仪身上比了比，连续几件他都觉得不如意，便失去了耐心，顺手拿着售货员小姐推荐的一件衣裙，塞给张幼仪，要她进试衣间换。张幼仪从小就穿着宽松厚重的中式服装，这身修长的洋装连衣裙，实在让她非常的不习惯，特别是裙摆只到小腿那里，半截腿都露在外面。走出试衣间，她手足无措，努力要把裙子往下拽，希望能多遮点腿部，徐志摩用眼神制止她的动作。张幼仪站在穿衣镜前，看到连衣裙将自己的身材衬托得修长高挑，光滑的丝袜包裹着自己的腿，新皮鞋虽然没有布鞋舒适，但是看起来镜子里的人确实精神了很多。徐志摩又从柜台上选了一顶宽檐的帽子，那个帽子硬硬的，顶在头上不是很舒服，张幼仪也不习惯戴帽子，便伸手想把帽子摘下来，徐志摩用冷冷的声音告诉她，在这里戴帽子是一种礼仪，低等的女人才会不戴帽子。

从百货公司出来，徐志摩便带着幼仪进了一家照相馆，他们要拍一张合影。张幼仪不知道徐志摩为什么把今天安排得那么紧张，她从下船到现在一刻都没有休息，已经感到很疲倦了。摄影师看张幼仪的表情很木讷，便示意她看向镜头要笑一笑，张幼仪没有明白摄影师的意思，徐志摩不耐烦地提醒她。于是留下了一张经典的照片，徐志摩和张幼仪穿着入时，脸上都带着笑容，而仔细看张幼仪的笑容，多少带着一丝无奈，一丝惆怅。

徐志摩是为了给父母亲一个交代，这张合影寄回去，好让父母知道他和张幼仪在巴黎生活得很好。而实际上，照片刚一拍好，徐志摩脸上的笑容立刻就消失殆尽，又是满脸的冷漠。

张幼仪觉得徐志摩到了国外后，变化很大，以前在家里，他不喜欢张幼仪，是选择自己默默走开，不去直视张幼仪。而现在，他经常是用满脸的鄙夷盯着张幼仪，让张幼仪清楚明白地知道他在嫌弃自己。这就是所谓的自由吗？一点不顾别人的感受，一点礼貌和颜面都没有留给张幼仪。

他们最终的目的地是到伦敦，这段行程他们选择了坐飞机。对于已经坐惯了飞机的徐志摩来说，并不体恤第一次坐飞机张幼仪的心情，或者是他根本不去管张幼仪会怎么样。张幼仪尽管体质很好，但是她从来没有坐过飞机，他们乘坐的飞机是那种比较小的飞机，空间很狭窄，她们相对而坐时，甚至必须膝盖交叉着才能放下双脚。飞机从地面冲上天空时候，忽然的失重感让张幼仪非常不适，她不由地闭上了眼睛，伸手胡乱地揪住了徐志摩的衣服，徐志摩立刻将她的手推开，不愿意她的触碰。当飞机在空中遇到气流剧烈地颠簸时，张幼仪一阵眩晕。不由得呕吐了出来，幸好之前有人提醒过，难受时候时候可以吐在一个纸袋子里，所以张幼仪早有了准备。看到张幼仪呕吐，徐志摩赶紧偏过头去，以避免看到她，一连声地嘲笑她是个乡下土包子。不过，没有一会儿，也许是受到张幼仪的影响，徐志摩也开始呕吐。张幼仪觉得很可笑，忍不住也讽刺道：“哦，我看你也是个乡下土包子。”徐志摩瞪向张幼仪，没有再说话了。

张幼仪对自己这个小小的变化，并没有意识到，结婚五年来，她从来没有想过会对徐志摩发脾气。以前徐志摩对她的冷漠，她只是默默地忍受，从来不反抗，也不会表现出不高兴。也许是一次次失望的叠加，让她心里对徐志摩的尊敬与好感渐渐减少了。

那个时代，人们还不经常坐飞机，很多人都感到很好奇，而徐志摩是个很喜欢坐飞机的人，他喜欢那种无拘无束、天马行空的洒脱自由。他们刚下了飞机，就有两个朋友迎接他们，徐志摩立刻精神头十足地和他们聊了起来，不时还带些夸张的手势。来接他们的两个朋友是中国人，徐志摩却用英语和他们聊天，张幼仪一点都听不懂，她知道徐志摩是故意的，他并不想让她融入他的圈子，他要让她知道，这里并不欢迎她的到来。

他们三个聊得非常开心，完全忘记了张幼仪的存在。张幼仪趁他们讲话的空隙，悄悄地问徐志摩，这两个人是不是他的朋友，她希望能和别人友好地打个招呼。徐志摩望向她的目光立刻又冰冷严厉。张幼仪再没有说话，她悄悄地观察了一下徐志摩的这两个朋友，也不是什么有模有样的人，其中一个人的衣服好像是借来的一样，极不合身，他不时地要用手将下滑的裤腰提高。而另一个人的半边脸则经常因抽搐而皱在了一起。

03 - 俱乐部里的好时光

在伦敦，徐志摩带着张幼仪临时住进了一个俱乐部里，这个俱乐部应该是一个为刚到伦敦的中国人提供临时过渡的地方，那里聚集的全是中国人。

张幼仪从家里出发，漂洋过海来到了徐志摩的身边，一路走来，全部都是陌生的环境，眼睛看到的，耳朵听到的，都是她不理解的，唯一可以给她依靠的那个人却明显表示了对她的排斥。在这个俱乐部，张幼仪终于找到一丝熟悉的味道。这里住的都是一些来伦敦求学的中国人，这之前，徐志摩已经在这里住了一年多了，他们和徐志摩已经非常熟悉，不知道是不是张幼仪的错觉，她觉得这里的人第一次看到她和徐志摩一道进来的时候，都表现出了很诧异的神情，不过他们都是一些善良礼貌的人，立刻露出友善的微笑和张幼仪打着招呼。

这里住着的人，是所有在欧洲生活的中国人的缩影。每天早晨，他们都是穿着西装礼服，打扮得整整齐齐走出去，到了晚上才三三两两地回来，稍作休息，大家便在差不多的时间一道去楼下用餐，房东聘用了中国厨师，统一供应中国饭菜。这里还有一个很大的聊天室，每天晚餐后，大房间里聚集了很多的人在聊天，徐志摩每天都会在聊天室待上很长时间。他换掉那身代表着疏远和距离的刻板的西装，换上了一身随意的长袍，泡上一壶茶，和大家相谈甚欢。也只有在这个时候，张幼仪觉得徐志摩才是她熟悉的样子。

他们聊天的话题很多，多数是文学和政治。虽然张幼仪对他们的话题不太懂，但是他们交流都用中国话，这是张幼仪能听懂的乡音，所以张幼仪很喜欢在那个聊天室里待着，哪怕是默默地坐在角落。

一次，有个人问起张幼仪从哪里来，张幼仪说自己是硖石徐家的媳妇，这可让那人吃了一惊，因为他知道，徐家是硖石的首富，他家的产业非常庞大，张幼仪并不愿意继续这个话题，觉得和别人谈论徐家的财富，有些不太合适。那人又好奇地问起她的娘家，张幼仪如实地告诉了，这下可引起了轰动，因为张幼仪的二哥和四哥当时已经很有名气了，特别是二哥张嘉森，他在中国文化界已经是个有影响力的政治家和哲学家，他和新文化运动的领袖梁启超过从甚密，受到当时的留学生的尊重。随着他吃惊的声音，有几个人围拢了过来，大家纷纷向张幼仪表达了对她哥哥的敬仰之情，这让张幼仪很高兴，也为哥哥们感到骄傲。

大家知道张幼仪的身份后，对她更加友善，但是张幼仪总感觉到人们看她的眼神有点说不出的奇怪，她开始还觉得是不是自己刚从国内来，真如徐志摩口中的“土包子”那样，所以大家才用那样不解的眼神看她。其实张幼仪不知道的是，这个时候的徐志摩已经和才女林徽因打得火热，人们都知道徐志摩在疯狂地追求林徽因，在张幼仪没有来之前，没有人知道徐志摩是个有家室的人。

张幼仪从硖石离开前，公公婆婆叮嘱她一定要好好地照顾徐志摩，帮助他尽早完成自己的学业。张幼仪很想和徐志摩多点交流，可是他总是早晨就匆匆忙忙出去，一直到晚上才回来，而且总是处在思考什么问题的状态。有时候推门进来，忽然看到房间里的张幼仪，他愣在那里，好像根本没有想到屋里会有个人。

她本来以为，空间的遥远会让人越来越陌生，所以，她才想着来到国外陪伴徐志摩，修补他们之间的缺陷。后来她明白了，如果心里没有一个人，就算她站在他面前，他也会视而不见。徐志摩不屑于跟她说任何关于自己的事情，她只是从俱乐部里聊天的内容中，听到一些关于徐志摩的事情。

徐志摩在美国学习期间，学的是经济学和社会学，这两门学科是父亲希望他学的，他们希望徐志摩学成后，能成为一个金融学家，回国有一番作为。可是徐志摩看不惯美国社会的现实和贪婪，他转而学政治学。他希望能通过自己的学习，找到一个“济世利民”的良方，好好地利用自己的所学，为国家做一些事情。在政治学的学习过程中。他疯狂地迷恋上了罗素，他被罗素提出的那种自由的思想完全吸引住了，他熟读了罗素所有的著作，越发地痴迷，他做出了一个大胆的决定，放弃在美国的学业，追随罗素的足迹来到了英国，他希望见到罗素并拜在他的门下。可是当他来到伦敦，才知道罗素去了中国讲学，为了能留在英国等待罗素回来，他进入伦敦大学政治经济学院学习。张幼仪来的这段时间，徐志摩非常忙碌，他的人生又有了新规划。

张幼仪实在太熟悉徐志摩冷冽的神情，她天真地以为徐志摩一方面是不喜欢她，另一方面可能是因为学业太繁重了，所以心情无法舒畅而导致态度不好，自己也就要多忍耐了。直到有一天，家里来了一位外国人，听徐志摩叫他狄更生，他们交谈是用英语，虽然语言听不懂，但是神情是能看出的，徐志摩的兴奋之情难以言表。张幼仪坐在不起眼的角落，默默地观察着徐志摩，她从来没有看到徐志摩如此丰富的表情，他的心情十分愉悦，话说了很多，张幼仪从没有在任何场合见他说过这么多的话，就算是在俱乐部的聊天室里，徐志摩也没有这么善谈。他眼神里透露出一种崇拜，说到激动处，用手势来配合着语言，他的语气有惊讶，有惊喜，更多的是赞叹，他的笑容发自内心，她从没有看到徐志摩这么谦逊的表情。送走了狄更生，徐志摩还沉浸在兴奋中，笑容依然挂在脸上，仿佛在回味着他们愉快谈话。张幼仪见他今天心情十分好，便装作无心地问刚才那位外国朋友和他谈的是什么，徐志摩用轻蔑地眼神扫了张幼仪一眼，脸上立刻流露出了不屑甚至是厌恶的表情。

张幼仪怎么也想不通为什么徐志摩能有着截然不同的两副面孔，对待任何一位朋友都很快乐和善，哪怕是路人，他都会报以礼貌的一笑，为什么转脸面对她，就那么尖酸刻薄。

接下来的日子，徐志摩更忙了，整天出出进进的，忙得精神头十足，心情明显也很好，可当他看到张幼仪时候，还是不会有好脸色。

不仅徐志摩，俱乐部里的每个人都很忙，包括几位女士。每天早晨大家纷纷离开这里，上学或者是上班，各人去做自己的事情，唯独张幼仪没有任何事情做。她刚结婚的时候，由于感到很寂寞，还有要出门转转的冲动，那时候公公婆婆告诉她，女人就要待在家里，照顾好家里的生活，不要到处乱跑，她按压自己所有的想法，顺从地生活在那一角庭院里，再不提要出去的话。在徐家的几年生活，逐渐磨掉了张幼仪的好奇心，以至于到了英国，没有人限制张幼仪的自由，徐志摩更是不屑过问她，可是她还是待在自己的小房子里，根本不想着出去走走。后来，张幼仪回想自己那一段时期的生活，也不明白自己为什么不想着出门，或者是学点什么，这不是自己一直追求的生活吗，为什么真的拥有了自由，却又不知道如何去利用。在张幼仪的眼里，这个俱乐部就是她的全部世界，是她逃避外面那个对她来说陌生世界的角落，也许正是这里的安全感，才让张幼仪根本不想独自一个人出去。

张幼仪宁愿一个人寂寞地待在俱乐部里，还有一个原因就是她根本不敢出去。自从来到伦敦，徐志摩对她来说一直像是一个陌生人一般地存在着，他没有带她去过任何一个地方。她语言不通，走出去和那些蓝眼睛的外国人根本没有办法沟通。她看到那些洋人脸上的表情似乎和徐志摩一样，都是冷漠而尖刻的。想到这里，她对徐志摩那种刻意做作的模仿洋人的各种做派感到非常厌恶。

张幼仪眼中的徐志摩，显得过于浮夸了。他仿佛忘记了自己中国生活的经历，忽然就十分地西化了。每天早晨他会花一大部分时间在衣着上，头发总是梳理得一丝不苟，穿着浆得笔挺的衬衫和枪驳头衣领的毛料西装，脚上穿着擦得锃亮的皮鞋。

不仅仅是衣饰，他的行为举止，也模仿着外国人，说话时，为了让语句表达得更到位，喜欢用一些夸张的手势；家乡硖石是著名的龙井茶原产地，徐志摩小时候就喝茶，而在国外，他经常喝的是那种加了糖和牛奶的咖啡。因为选择性地忘记，徐志摩几年间就改变了以前二十年的习惯，俨然成了一个外国人。这在中国人眼里，是一种数典忘祖的行为，她根本就看不起这样的男人。

她很生气徐志摩对她不理不睬的做法，有什么问题可以直接说出来，人和人之间最重要不是应该互相说出自己真实的想法吗。可是徐志摩只是一味地厌烦她，却从不告诉她应该做什么，怎么去做。徐志摩的脸上随时挂着两副表情：一个是早晨即将离开家的时候，张幼仪能看出他隐秘的快乐，那是即将要离开这个家的轻松感，一个是回到家中的无奈。在一次争吵后，徐志摩脱口而出，抱怨道，他想到每天都要回到这个他并不想回的家，他很痛苦。每天晚上，他进门时候的恼火表情，似乎是不想回却又不得不回来，那种压抑的怒火无从宣泄，在身体里积蓄着，让徐志摩越发的烦躁。每当夜晚降临，当徐志摩不得不单独面对张幼仪而无法逃避的时候，他也因目前这种化解不了的沉默而感到窒息。有好几次，在关了灯以后，张幼仪能听到徐志摩那粗重压抑的呼吸声，他似乎想要呐喊，想要发泄，却又拼命地克制着自己。张幼仪心里明白，他烦躁的无非是没有法子摆脱这桩父母给他安排的婚姻，没有法子摆脱睡在他身边的张幼仪。

女人的直觉最灵敏的。张幼仪从徐志摩的冷淡里，看出了问题，除了徐志摩一直对她有嫌弃的情绪之外，肯定还有什么别的事情瞒着她，因为她经常看到徐志摩在家里读着信，读信的时候的神情是张幼仪永远也得不到的那种温柔表情，然后便是积极地回信，哪怕写到很晚。不过他们之间的通信都是英文，张幼仪根本看不懂。

一次，一位朋友来伦敦找徐志摩，夫妻俩和那位朋友一道坐上公交汽车，徐志摩和那个朋友坐在前面，张幼仪自然地坐到了后面，她非常明白，徐志摩从来不会主动地和她亲近。她坐在后排，看着两个男人愉快地谈笑着，然后是徐志摩刻意压低声音悄悄地说着什么。张幼仪本来是无心地看着他们的背影，却忽然看到徐志摩示意他的朋友小声说话，并指了指后面坐着的张幼仪。徐志摩和朋友的动作，被张幼仪从驾驶室的反光镜里看得清清楚楚，她确定他们在谈论一个女人。张幼仪这才恍然大悟，这才明白自己是多么的愚钝。其实她早就应该看出这里面有问题，徐志摩出国两年了，如果不是因为有了女朋友，他怎么可能一直都没有写信让自己过来呢。

但是如果这样一想，她就更不能理解徐志摩了。在国内，男人纳妾是很正常的。一般男人的原配夫人是要经过父母同意认可才娶进门的，而娶小老婆则是看男人的经济能力是否许可，其他都没有什么约束。即使是原配夫人都不可以干涉，如果原配夫人嫉妒而反对丈夫娶小老婆，那是不明智的，也是犯了“七出”中的一条。如果原配夫人不能生下儿子，那么就更有理由纳妾了。“不孝有三，无后为大”，作为原配夫人，对婆家香火延续负有责任。张幼仪就听说过，梁启超的大夫人，因为自己只生了女儿，一直到梁启超四十岁还没有生下儿子，她便主动地为梁启超纳妾，并带着二太太一起到日本，来到梁启超的身边。

在当时中国的婚姻制度里，男人是非常自由的，就算自己已经为徐家生了一个儿子，如果徐志摩有喜欢的女人，完全可以提出纳妾，这也是情理之中，没有人会有意见，包括张幼仪自己也不会。但徐志摩是新派人物，他不愿意去纳妾，他希望是新潮时尚的离婚。只是因为他还没有抗拒父母、摆脱父母管教的能力。所以，他痛苦。

已经坐实了徐志摩有女朋友的猜测，虽然在理智上张幼仪说服了自己这是没有资格反对的，但是情感上，她为自己感到悲哀。自己嫁入徐家，尽心服侍公婆，也给徐家生了一个健康聪明的儿子，却永远得不到丈夫的一点赞许。她对徐志摩的失望转而变成了一种恼火，她想要问问，他徐志摩有什么资格这么对待自己。

在张幼仪的心目中，徐志摩的形象越来越平庸，让她再没有从前的那种尊敬与崇拜。

04 - 别了，沙世顿的小路

自从上次那位叫狄更生的英国人来过以后，徐志摩就一直非常忙碌，张幼仪不知道他在忙些什么，只是觉得他那段时间心情还比较不错。终于有一天，徐志摩和张幼仪说，他们要搬家了，因为他换了一个学校。这个时候张幼仪才知道，因为狄更生的介绍，徐志摩被剑桥大学录取为文科特别生。

在搬离俱乐部的那天，张幼仪非常不舍，她喜欢俱乐部里浓厚的中国氛围，离开了这里，她不知道下一个地方是去哪里，会遇到一些什么人。

他们搬到了一个叫沙世顿的小镇。说是小镇，和硖石镇却完全不同，硖石街道的房子一家挨着一家，店铺连着店铺，人们每天都要见面寒暄，非常的亲切热闹。而这里的街道总共只有几栋房子，徐志摩他们租的房子很小，有两间卧室和一个客厅。倒是客厅凸出的窗户视线很好，从这里可以看到周围都是连绵的青草地，再远一点是一个周围长满杂草和灌木的池塘，这让张幼仪想起了南翔张家院子里的那个池塘。

这是个很偏僻的地方，几乎看不到人，只有一条小路通向外面，每当有车子经过，那条路上扬起的灰尘让张幼仪不得不赶紧关上门窗。

这里距离徐志摩就读的剑桥大学约十公里远，每天早晨徐志摩骑着自行车到沙世顿镇的火车站，然后坐火车去学校。家里的一切都交给了张幼仪。

至此，张幼仪终于不再是一个闲人了，她的身份从徐家的少奶奶沦为一个佣人。她每天被一堆琐事淹没，做着打扫卫生、洗衣服、做饭这些她在南翔和硖石都不会去做的事情。但是张幼仪没有丝毫的抱怨，毕竟这里是在国外真正属于他们两个人的“家”，她是女主人，做这些事情也是应该的。

由于张幼仪从来没有学过外语，而在这里生活，不可避免地要用到英语交流沟通，比如她经常要穿过那条小路去镇上的商店购买食物和生活用品，这让她很为难，她不会问价格，只能用手比划着询问，而想买一些商店里她没有找到的东西，却又无法跟店员交流她需要的是什么，这样给她带来很大的不便。于是她跟徐志摩提起，她想学点英语，能简单应付日常的生活需要。徐志摩毫不犹豫地答应了，给她找了一位英文女教师。

张幼仪开心极了，虽然每天只学两个小时，从最简单的 26 个英文字母开始，但是她学得非常认真。她听老师说，不仅要会写，学英语更要大胆地说出来，于是，她抓住任何一个机会练习发音，她会对着镜子练习口型；遇到邮差来送信，她会尝试着向他简单的问好；她还学到数字，这个最实用，这样再去市场买东西的时候，沟通起来确实方便了不少。

这是张幼仪来英国后过得最充实的一段时间，每天忙完了家务，她就认真地学习英语，可是这样的时间没有持续太久，那位女教师因为那条小路太长，走路进来很不方便而请辞了。于是，张幼仪的求学梦想又告搁浅。

徐家非常富有，对待在外求学的儿子自然不会吝啬，他们每月寄来的钱足够徐志摩的学费和小家庭日常的开销。徐志摩拿走了大半，只留了一小部分给张幼仪维持家用。他是个没有金钱概念的人，手里的钱很快就会花完。而张幼仪就得靠着仅有的一点钱，精打细算地过日子了。刚开始张幼仪也没有经验，甚至头几个月，他们的生活出现了捉襟见肘的窘境，幸好徐家经常从家乡寄来一些能保存住的食品，张幼仪才勉强能应付过去。后来，她学会了各种节俭的小窍门，比如从过路的商贩货车上买蔬菜，那是当地人自己种的，比在市场里买的新鲜便宜。

进了文科学院，徐志摩的生活丰富多彩，他结交了很多有着共同爱好的朋友，也是在那一段时间，他积累了大量的创作素材。就算不上课的日子里，他也不经常在家，总是和朋友聚会或者是去公园散步，他充分享受着自由的呼吸，没有一丝一毫的羁绊。要花钱的地方太多，徐志摩总是有些别人理解不了的讲究，例如他每天早上都要去理发店洗头，而这是完全没有必要的开支，诸如此类的花钱习惯导致徐志摩总是入不敷出，迫于经济的压力他才肯每天中午和晚饭都在家吃饭，而且他吃饭时也不会和张幼仪说些正常家庭都有的话题，他只是默默地吃，而张幼仪则能通过徐志摩的表情，知道今天的饭菜是不是合他的胃口，如果饭菜不好吃，徐志摩吃的时候眉头是皱着的，而且筷子都不怎么去夹那些不好吃的菜。而如果这顿饭做得好吃，比如有了家乡的火腿之类的，他会吃得很舒畅，速度也吃得比较快。他从来不屑于和张幼仪讨论任何话题。而当张幼仪每每对他的事情好奇而询问时，得到的永远是一个白眼和一句“你懂什么？”

张幼仪在生活中，在学习上无论如何认真努力，徐志摩好像都看不见。在他心目中，张幼仪永远是那种旧式女人，什么都不懂而且好奇心重，这让他很厌恶，极力想逃避。甚至他忽然做出来一个决定，将房子里的一间卧室租给了一位叫郭虞裳的上海来的留学生，避免以后吃饭时总是他和张幼仪两个人。他说服郭虞裳租房子的理由是：住在这个房子里，以后可以吃到正宗的上海菜。

不过郭虞裳住进来,倒不算是件坏事。他是个比较温和的人,去剑桥大学比较少,也不和朋友们交流,大部分的时间都在家里用功。他的英语比较流利,所以在不忙的时候会帮张幼仪一些小忙:比如去杂货店取东西,或者陪张幼仪一起去市场买日用品;他甚至教会了张幼仪怎么用吸尘器——张幼仪早就发现房间有这个奇怪的机器,却不知道是做什么用的。而最让张幼仪感到高兴的是,郭虞裳有时候会和张幼仪聊聊天。自从离开伦敦的那个中国人俱乐部,张幼仪一度差点成了“哑巴”,没有人和她说中国话。对于郭虞裳的陪伴,张幼仪非常感谢。

张幼仪早已经习惯了徐志摩对其感受的完全不在乎,不管是这次忽然领了一个男房客来,还是日常别的一些事情。有一次,徐志摩心情很好,忽然提议要带张幼仪去看电影,这让张幼仪很高兴,因为来到这个偏僻的小镇这么久,张幼仪就一直没有离开过,也没有任何娱乐活动,只有一次,一年一度的剑桥竞舟,留学生中有人提议徐志摩带上妻子一道来观看,张幼仪才有机会出门玩过一次。这次是徐志摩看到放映一部卓别林的哑剧电影,因为没有对白又是喜剧片,考虑张幼仪能看懂,所以决定带张幼仪去看看。张幼仪很高兴地随着徐志摩一道去,可是半路遇到一个他的朋友,建议大家去看另外一部文艺片,徐志摩立刻很随和且好脾气地同意了。结果那部英文对白的电影,让张幼仪看的直想睡觉。

在别人的眼里，徐志摩是一个热情奔放的梦想家，一个浪漫多情的艺术家，而给张幼仪的那一面，永远只有嫌弃和冷漠。无论是在硖石，还是在英国，徐志摩对她的漠视感从来没有改变，他们是一对没有感情的夫妻。

随着天气渐渐热了，张幼仪明显感觉到自己的身体有一些变化，根据以前的经验，她知道自己怀孕了。这让张幼仪不知所措，以前在硖石怀第一个孩子的时候，张幼仪是非常期待的，因为张幼仪作为徐家媳妇有尽快生孩子的责任，好让公婆开心。而这个时候怀孕，张幼仪不知道接下来应该怎么办。她心慌意乱想了好几天也想不出个头绪，毕竟这里不比硖石，所有的事情都是张幼仪一个人打理，要是怀孕了，家里的生活如何进行下去，她想不出更好的办法。她决定找个适当的机会把这个消息告诉徐志摩。

而让张幼仪无论如何也没想到的是，徐志摩听了她怀孕的消息，非常恼火，想都不想立刻就要张幼仪把孩子打掉。这让张幼仪十分难以接受。中国人以子嗣为重，特别是徐家这样的大户人家，总是想着要子孙兴旺，如果公婆知道她又怀孕的消息，一定会非常高兴。在中国，打胎这样的事情，多是发生在穷途末路的女人身上，否则没有女人会去打胎，因为在当时的医疗条件下，打胎会对孕妇身体造成伤害甚至还有生命危险。

她愣愣地看了徐志摩好半天，在他恼怒的眼神下，她只是怯怯地辩解说打胎很危险，有人因为打胎而送了命。而徐志摩尖刻地回应她说："有人因为火车事故死掉的，人们还不是经常坐火车吗？"

如果说来欧洲前，她对徐志摩还抱有一丝修复夫妻关系的希望的话，至此，张幼仪对他已经完全失望了。对打胎问题，徐志摩这样冷漠刻薄的回应，张幼仪想，他因为嫌弃自己而一并嫌弃了肚子里还没有成型的胎儿。可是张幼仪多么想留住肚子里的孩子，无论是出于中国传统思想，还是出于作为一个母亲的天然使命感，可是她无法就这个问题再和徐志摩做任何沟通。

整整好几天，张幼仪都在思考她的婚姻到底是不是一场错误。在刚刚接触徐志摩的时候，她还曾经暗自庆幸，自己嫁的是一个外表英俊、有才华而且上进的徐家少爷。因为他和哥哥的经历很相似，张幼仪把对哥哥品行的信任全部移植到了徐志摩身上，把自己的一生放心地交到了他的手上。可是从结婚到现在，她对徐志摩的好感、尊敬一点点地在减少。

张幼仪对比自己的两个哥哥，他们也是学的西方文化，并且将学到的精髓很好地运用，而在人品上，依然遵从的是"仁、义、礼、智、信”，这些都是中国的传统美德。不说自己的哥哥，就是梁启超，徐志摩所追随和敬仰的大家，他的品行也非常端正，从来没有对自己的家人是这样一种漠不关心的冷酷态度。而徐志摩学到的都是西方的那些做派，抽香烟、喝咖啡、穿考究的西式服装，包括那些洋化行为动作。除了黑色的眼睛、黄色的皮肤，那些更改不了的亚洲人特征，他极力想让自己给别人一个西方人的印象。他完全做到了他想要的自由，可是他将对家庭的责任心，对家人的关爱之心完全抛诸脑后，他甚至对张幼仪没有最起码的尊重和了解，这些让张幼仪感到非常的失望。

后来，在徐志摩和陆小曼的婚礼上，梁启超作为徐志摩的证婚人，当众痛斥了徐志摩，可见梁启超也是不赞成他在家庭和婚姻上表现的人品的。

张幼仪这个时候，已经不再仰仗于徐志摩而寄希望于他了。在张幼仪的心目中，孩子是上天赐给她的礼物，谁也没有权力阻挡孩子来到这个世界上，即使是孩子的亲生父亲也不行。于是她自己做了一个决定，一定要生下这个孩子，如果在国外自己没有能力抚养这个孩子，她就回硖石去。这个时候，张幼仪已经有了要和徐志摩分开的想法，她不想再和这个没有任何感情的人捆绑在一起。要把孩子生下来的想法，她坚定地放在心里，她不能和徐志摩说，而且也很怕徐志摩再问起这件事情。而后来她知道自己的担心是多余的。实际上，徐志摩在做了让张幼仪打胎的决定后，根本就不再过问此事，他甚至让张幼仪自己想办法找打胎的地方。

就在张幼仪还在为自己肚子里孩子的命运担心，思考着怎么在这段婚姻下度过以后生活的时候，又一桩事情直接粉碎了张幼仪为这个婚姻做出的任何努力。

9 月的一天早晨，徐志摩告诉张幼仪家里会有一个朋友来，是爱丁堡大学的一个学生。要她准备一下晚饭，然后就出去了。

整整一天，张幼仪都在煎熬中度过。她猜想，来的可能会是一个女性，既然是在爱丁堡大学上学，肯定也是一位思想先进，受过良好西式教育的女性，想必这是徐志摩喜爱的女子。她也从郭虞裳口中证实了，徐志摩每天坚持要去理发店确实有秘密，他是在和自己的女朋友通信，因为伦敦到沙世顿通信很便捷，当天就可以到达，所以徐志摩的女朋友天天都可以收到徐志摩写给她的甜言蜜语。徐志摩的这些行为，张幼仪都看在眼里，她只是从来没有说破，她从来不是主动的人。徐志摩将她带回家，是不是要正式明确她的身份？

想到这些，张幼仪不由得有些心慌。她知道徐志摩一直嫌弃自己没有文化，思想陈旧，所以即使结婚多年，又有了一个儿子，还是不能对她产生感情。而这位即将见面的“二太太”，和徐志摩一样受到很好的教育，而且在当时女孩子能出来留学，那么她的家庭背景一定很不简单。张幼仪非常沮丧，似乎自己在徐家的地位不再有一点保障了。好在自己已经为徐家生了一个儿子，而且公公婆婆对自己也非常的满意，就算徐志摩将这个女子娶进门，公公婆婆也不会让徐志摩胡乱来的。想到这里，张幼仪仿佛有了一些底气，她觉得自己无论如何也要表现得大度一些，要有个大少奶奶的端庄。

张幼仪在患得患失的心情中度过一整天。到了晚饭时间，徐志摩带着那位朋友回来了。果然如张幼仪猜想的那样，这是一位时髦的小姐，头发剪得短短的，涂着深红色的口红，一身藏青色毛料海军裙装衬得她英姿飒爽。张幼仪站在门口礼貌地请客人进屋。这位被称之明小姐的女子客气地打了招呼便往家里走，可是，张幼仪惊奇地发现，她走路的样子怎么这么别扭，顺着裙底的长袜往下看，这可让张幼仪吃惊极了，原来，这位明小姐竟然是裹了小脚的。那浑身的装束与那双挤在绣花鞋里的小脚形成古怪的对比，这让张幼仪心里一阵想笑。这是多么具有嘲讽的意味啊，这难道是徐志摩一直以来交往的女朋友吗，徐志摩不是非常讨厌小脚女人的吗？似乎不是。

一起吃晚饭的时候，闲聊中了解到明小姐的家世，她的父亲是外交官，和张幼仪家一样，也是上海郊区的人。母亲和祖母是传统的旧式女人，她们没有听从父亲的意见而坚持给她缠了足。他们又谈起了文学。张幼仪注意到一个细节，那就是徐志摩在说话的间隙，会装作是在看地板，而偷偷地观察明小姐的小脚，这让张幼仪心里极不舒服。她越来越搞不懂徐志摩了，这次带回小脚女人算是怎么一回事情呢？

这一顿饭张幼仪吃得毫无滋味，心神恍惚。好不容易捱到晚饭结束，徐志摩送那位小姐去车站后，张幼仪心神不定地在洗碗。她知道徐志摩回来时一定要和她说些什么的。她越想越沮丧，觉得徐志摩真的对她太不公平了，任何一个机会都没有给她，现在如果这位小脚的“二太太”进门，那么以后三个人在一个屋檐下，她只会是佣人的角色。想到这里，她无法平衡心里的怨气，本来想好要做出端庄大度的仪态，便也是坚持不下去了。

徐志摩回来时，张幼仪还在厨房里收拾着，徐志摩显然想和张幼仪说些什么，在客厅里转来转去，一会又转到厨房门口看看张幼仪在干什么，张幼仪故意慢吞吞地干着手头的事情，让徐志摩越发的烦躁。

最后他终于忍不住，直接问张幼仪对那位小姐是什么印象。看他这么迫不及待的表情，张幼仪实在无法再控制自己的情绪，带着嘲讽的语气说道：“这个小姐看起来不错，可是小脚和西服不搭调。”

张幼仪的这句话好像是开了一个闸门，徐志摩所有的烦躁一股脑儿宣泄了出来，他忽然尖声怒吼道：“我就知道，所以我才想和你离婚！”原来，徐志摩带回这个女人，只是让张幼仪知道，他们的婚姻，就像小脚和西服一样“不搭调”。

虽然结婚这么多年，张幼仪和徐志摩的感情一直不好，但是徐志摩表现更多的是冷漠，而冲张幼仪大吼大叫这还是第一次。惊吓、恐惧、委屈一齐涌上张幼仪的心头，她有一种要窒息的感觉。这个房间好小，小到压得张幼仪透不过气来。她猛地从后门冲出去，跑向高高的阳台，心里悲哀地想着，原来这才是徐志摩要说的话，费力地安排了这么一天，就是要让张幼仪亲自说出他们两个“不搭调”的话。张幼仪明显感觉到，这次徐志摩愤怒地说到离婚，和之前在硖石时候说到离婚完全是两种状态，张幼仪感到惊慌，她不知道自己今后该怎么办？她站在阳台上，看着茫茫夜色，心里比这夜色还要凄凉。

在张幼仪冲出房间的那一刻，徐志摩也吓了一跳，立刻追了出来，他以为张幼仪忽然受到这样的打击会寻短见。张幼仪看着他追过来，心里觉得非常好笑，他何曾在意自己的生死，自从她离开硖石到了他的身边，徐志摩没有一丝一毫的怜惜之意，所有的表现只是对她的冷漠、对她的无视，把她当作累赘一样嫌弃。她是怀揣着美好的梦想，希望能到国外求学，和徐志摩拉近距离，维持着这段婚姻。可是实际情况是，她变成了一个必须会精打细算才能把日子熬下去的佣人。徐志摩并没有因为她付出的努力而感动，反而发展到今天这样高声吼叫出要离婚。张幼仪看着徐志摩那张熟悉的脸庞,此刻却变得那么陌生,甚至有些狰狞。

接下来的日子，他们之间再也没有说一句话，甚至连一个眼神都不交换。徐志摩喊出的那句离婚，是横亘在两人心中的块垒，再无法忽视。晚上睡觉的时候，徐志摩再不会像以前那样自然随意，而是刻意地背对着张幼仪，并保持着不会碰触到的界限。好像已经在为自己做出的决定而付诸行动了。

这些细节让张幼仪越发的敏感，虽然对徐志摩已经完全失望。但是，在这举目无亲的沙世顿，她不知道应该怎样处理他们的事情。她只能是暗暗观察徐志摩的脸色，祈祷他不会忽然像那晚一样发那么大的脾气。而当徐志摩晚上在用功看书的时候，张幼仪会默默地盯着他的身影，不知道他到底会怎么做。小家庭里的气氛非常压抑，徐志摩显得焦躁不安，而张幼仪每天都生活在紧张中，不知道下一场风暴会以什么方式来到。

终于有一天，徐志摩看了看张幼仪刚做的早饭，停顿了一下，仿佛是做了一个决定似的，决然地跨出了家门。张幼仪觉得有点不对劲，因为徐志摩每天都会吃完早饭才出去，今天却没有吃早饭就离开了家。那天早晨走了以后，晚上也没有回来。开始张幼仪还以为他觉得家里的气氛太压抑，或许是张幼仪没有打胎的事情让他感到生气，所以在朋友家住几天。因为他出门时任何东西都没有带走，梳洗的用具都在家，衣服也整齐地挂在衣橱里，连看了一半的书本都还摊放在桌子上。

但是一连过了一个星期，徐志摩都没有回来，张幼仪觉得事情有些不对劲了。连房客郭虞裳都能看出他们夫妻确实有些不对劲了，他不想掺和在他们夫妻之间，徐志摩既然不在家，他也不方便再住在他们家里。于是在一个早晨，他将自己的行李全部搬出来，和张幼仪道别后也离开了他们的家。

本来很小的房子，因为徐志摩和郭虞裳的相继离开而显得空荡荡的。不知所措的张幼仪感到莫名的恐惧，她不知道徐志摩去了哪里，也不知道他是否会回来，她也不知道自己接下来应该做些什么。白天她还可以在家中刻意找点事情做，消磨一下这孤寂的时光，而到了晚上，她无法入睡，整夜整夜地失眠，她甚至不敢在那张徐志摩曾经睡过的床上睡觉。以前虽然他们关系很冷淡，但是每到晚上，徐志摩总是会在客厅用功看书，她躺在房间床上，就算是看着灯光下他的背影，这个家里总还是有个人在陪伴着她的。而现在，一个个的白天，一个个的长夜，都是她独自一个人来面对。尽管离他们租住房子不远处，有一对中国夫妻是她的邻居，但是张幼仪从来没有想到过要去打扰他们，毕竟和他们并不熟悉，张幼仪不想将这些家事说给别人听。

她不知道该如何形容自己的处境，她忽然就想到了一个物件，觉得自己的命运跟那个物件真的非常相似。那就是扇子，在硖石的时候，每当夏季来临，家里的佣人会拿出一些扇子给大家挑选，那些扇子用料很好，有牛角、象牙、珍珠和檀木的，做工也十分考究，整个夏天人们都把扇子拿在手上，一刻都舍不得放下。而当第一阵秋风起时，无论再好的扇子，就算是上面有名家的题字，有镶嵌的宝石，人们还是毫不犹豫地丢弃到一旁。张幼仪觉得自己就像秋天的扇子那样，被徐志摩无情地抛弃，离开的时候，甚至一句话都不留下。

怀孕的人本来就情绪不稳定，在遭受了这样的打击后，张幼仪心情非常糟糕。自从徐志摩走了以后，她没有出过门，她不用去市场买任何东西，考虑到肚子里的小生命她才勉强地吃点，而更多的时候是傻傻地坐在家里。她变得敏感脆弱，窗外一点动静都会让她非常害怕，隔壁邻居路过时从她家窗口掠过的人影，也让她惊慌不已。她头一次对徐志摩产生了怨恨的情绪，一个堂堂正正的男子汉，没有任何的解释，就逃离了这个家庭，竟然把自己怀孕的妻子丢下，丢在一个她根本无法独立生存的地方。

在情绪极其低落的时候，张幼仪想到了自杀，她无法忍受这么漫无边际的孤独，对未来完全丧失了信心。她在家里转来转去，手几次扭开瓦斯，想让自己在这个世界上安静地消失，也没有了痛苦。或者是采取一些极端的死法，就像那晚徐志摩担心的那样，撞栏杆，或者是一纵身跳入房子后面的那个池塘，这样，世间的一切烦恼都跟自己毫无关系了。

这个念头刚一起，便被克制住了。在这个世界上，她意识到她并不是只为自己活着，她有阿欢和肚子里的另一个孩子，还有给了她生命的父母。母亲虽然没有文化，但是她能完整讲述《孝经》里的故事，“身体发肤，受之父母，不敢毁伤，孝之始也。”母亲教导的声音在耳边清晰地响起，张幼仪立刻理智了下来，她为刚才自己疯狂的想法感到羞愧。

张幼仪渐渐冷静了一些，她在等待，她知道徐志摩一定在英国，他之所以做出这样决绝的事情，是想让张幼仪知道他们之间的婚姻不可能再持续。她等着徐志摩下一步到底要干什么。

一天早晨，张幼仪正在打扫卫生，忽然听到有人敲门，她并没有立刻开门，而是通过门缝，警惕地打量外面，毕竟这里这么偏僻，她又一个人在家。门外的人见没有开门，并没有离开，而是隔着门告诉里面的张幼仪，他叫黄子美，刚从伦敦过来，是帮徐志摩捎个口信过来的。听到这个消息，张幼仪差点流出眼泪，一个人在这里孤单害怕了这么久，徐志摩终于还是按捺不住了。但也想到，他自己没有回来，却让人带来了口信，有种不好的预兆。

她打开了门，请黄子美进来说话，她努力稳定了自己的情绪，让人看起来她很平静。她给黄子美倒了一杯水，然后坐在他的对面，静静地要听听黄子美会说些什么。

黄子美喝了一口茶，然后捏着茶杯，他避开了张幼仪有些探究意味的目光，眼睛盯着手里的杯子，似乎在整理思绪。"他想知道……"黄子美停顿了一下，微皱着眉，好像想努力把徐志摩的原话复述出来，"……我是来问你，你愿意不愿意做徐家的儿媳妇，而不是徐志摩的太太？"这句互相矛盾的话，让张幼仪摸不着头脑，她思索了一会，想不明白到底徐志摩要表达什么意思。看着张幼仪这么茫然的表情，黄子美也不管她听懂没听懂，他自顾自想赶紧把徐志摩的话带到，"徐志摩不要你了！"这句话一说出来，黄子美仿佛卸下了身上的重担，双肩放松下来，抬起眼睛直视着张幼仪，仔细看她的反应。张幼仪听到最后一句话，"徐志摩不要你了！"她的心一紧，终于还是到了这一天。虽然是事实，但她还是不愿意相信这是真的，"这话是什么意思？"她强忍住颤抖的声音问道，"如果徐志摩要离婚,我怎么还可能会是徐家的儿媳妇？”她努力平复自己的心情，她不想让一个外人看到自己是一副弃妇的可怜相。

黄子美没有说话，只是一味地观察张幼仪的反应。一想到他回去一定要把自己的表现告诉徐志摩，张幼仪不禁火冒三丈，她昂起头厉声责问黄子美，是不是徐志摩忙得连见她的工夫都没有了，她也很奇怪，怎么有这样的人，连离婚的话都可以转达。

黄子美以为徐志摩口中的旧式女人张幼仪会是很柔弱的脾气，他估计张幼仪会放声痛哭，或是寻死觅活的吵闹一番。没有料到张幼仪爆发的怒火，他吓得慌忙站了起来，甚至带倒了椅子。黄子美的脚刚刚踏出门，张幼仪狠狠地把门关上，那一声巨大的响动，仿佛宣告和那段无望而痛苦的婚姻决裂。

张幼仪从小就非常懂事，从来不愿意给别人带来麻烦。跟徐志摩这么多年的婚姻，她独自一人忍受着全部的难堪与不幸。而展露给父母和哥哥的全部是自己精心表现出来的幸福。她从不向家人讲述自己婚姻生活的遭遇，是不想给家人增加任何心理负担，这点也是母亲曾经教给她的。但是事情到了这种地步，已经不是她自己单独能承受和了的，她决定向二哥张嘉森求助。

在他们刚搬来沙世顿的时候，她的二哥曾经自己找到了这里来，那天说来很奇怪，张幼仪正在厨房做饭，忽然有种奇怪的感觉，她感觉到家里会来人。她停下手走到屋外，果然看到小路那头有个人朝这边走来，尽管离得很远，她果断猜出是二哥，那一刻她激动的眼泪都快要流下来了，就这么定定地在门口站着，看着二哥从远处渐渐走近。从小她和二哥关系就最好，二哥对她也非常的关心，从来没有端过兄长的架子，而是把她当作朋友一样。眼下自己这种处境，张幼仪第一时间就想到了二哥，她决定尽快给二哥写信，把自己所有的遭遇完全地告诉二哥，请二哥给她拿个主意。

张幼仪在信里详细地表述她目前的困顿现状：她已经怀孕三个月，徐志摩却要她去打胎。并不仅仅如此，徐志摩认为他俩是小脚和西服，不相配，怒吼说想要离婚并离家出走了。徐志摩本人到现在都没有出现，而可笑的是，他竟然派了一个说客，来说服张幼仪做“徐家的儿媳妇，而不是徐志摩的太太。”这一切事情陈述过以后，在信的结尾，她问二哥：“我该怎么办？”自从他们搬来沙世顿以后，二哥给她来过几次信，她都细心地收藏了起来。此时她拿出二哥曾经写给她的信，对照着信上的笔迹，歪歪扭扭地写上了收信地址。信写好后，她迫不及待地赶紧将信寄出去。在将那封厚厚的信投递到沙世顿的邮筒里后，她终于舒了一口气，自己一旦把这些情况告诉了二哥，她明白，自己也就解脱了，二哥一定会帮她处理好一切事情。

在做完这些事情以后，天已经快要黑了。从早晨黄子美来访后，一直到现在，她连口水都没有喝。此时事情处理好以后，她感到了饥饿，她翻出了家里仅有的一棵白菜，烧了点白菜泡饭，就这么简单的晚餐，大概是她这几天以来最用心的一顿饭了。

在等待二哥回信的日子里，她没有前几日的迷茫和恐惧，她终于卸下了自己沉重的思想包袱，以审视的眼光看待自己的这一段婚姻。徐志摩是四哥千挑万选找出来的青年才俊，却并不是张幼仪最合适的那一半。张幼仪在想，那个算命婆是如何看出她和徐志摩八字不合的呢？也许就是母亲将她八字改掉的那一刻开始，就注定了她的婚姻是个错误。这个世界上，有些事情真的不可以勉强。

在张幼仪的一生中，独居在沙世顿小屋的这段时间，应该是她一生最难过的日子。经历过这次沉重的打击，她已经对徐志摩不再有任何留恋，她不再信任这个能抛弃怀孕妻子而离家出走的人，哪怕徐志摩是她曾经的“天”。多年以后，她和她的第二任丈夫苏医生曾一起回到沙世顿，她特意找到当年的这间小屋，想起当年，自己就像一个佣人那样，坐着公共汽车去菜市场，然后再把采购的食物往家里搬，她非常惊讶自己当年的意志力，在这样的环境里是怎样把生活进行下去的。

几天以后，张幼仪收到她二哥张嘉森的来信，她迫不及待地拆开了信，看看二哥给她想到什么解决的办法。二哥对于她和徐志摩离婚这件事，表示非常的惋惜，他实在很爱徐志摩的才气，对于徐志摩不能做张家的女婿，他用了“张家失徐志摩之痛,如丧考妣。”实际上,张幼仪的兄弟们一直非常喜欢徐志摩，就是徐志摩和张幼仪离婚后，二哥还经常会朗读徐志摩的诗歌。但是，张幼仪二哥是一个有思想的人，他对于这桩无法继续下去的婚姻没有做任何评价，作为哥哥，他在张幼仪的人生里，总是在最危急的时刻挺身而出。对于张幼仪在信的最后一句茫然而无助的问题,他做了当机立断的决策,“万勿打胎,兄愿收养。抛却诸事，前来巴黎。”

这一刻张幼仪放下心来，二哥的话语像是一缕耀眼的光芒，穿透层层雾霾照耀着她，让她感到了久违的温暖。此时前途不再是一片灰暗，她决定立刻离开沙世顿，离开这个让她感到害怕的地方。

既然下定决心离开，她反而显得轻松了些。她将沙世顿的那件屋子好好地打扫了一遍，徐志摩突然离开而来不及合上的书,她都一一地摆放好;徐志摩的衣物,鞋子,她也仔细地整理好。她知道，这一转身，自己永远不会有机会再为他做这些事情了。

她仔细地收拾着自己的行李，将能带的都带上。既然徐志摩这么不喜欢看到她，她就尽量把自己的东西全部带走，最后家里剩下一个公婆从中国给他们寄来的冬瓜，因为太大太沉而无法带走，辜负了公婆的好意，还觉得有点遗憾。

临出门前，张幼仪环顾这冷清的屋子，默默地与这座房子里的一切作个道别，与徐志摩以及那段不堪的婚姻作个道别。她希望自己的记忆里永远没有这一段让她伤心的过往。

张幼仪最后一次从沙世顿尘土飞扬的小路上走过，这一次不是去买菜，也不是做些什么别的琐事，而是踏上了她实现自我价值的希望之旅。

第五章 求学——书中静美的姿态

01 - 独立意识的形成

02 - 德国产子

03 - 浪漫的诗人

04 - 裴斯塔洛奇学院里的中国女生

01 - 独立意识的形成

从沙世顿到巴黎，是一段不短的旅途，先是要坐火车，然后还要乘船横渡英吉利海峡。这是张幼仪第二次坐轮船到另一个国家。她回忆起自己第一次坐轮船从硖石到法国的情形，那时的她对徐志摩、对未来的新生活抱着很大的信心，将徐志摩视作自己的全部，对徐志摩是完全的顺从。

自从来到徐志摩身边，就感觉徐志摩认为她是一个累赘，对她不理不睬，或者是嘲讽打击，那个时候她还是忍住内心的伤感，依然对徐志摩保持着尊重。而在沙世顿的小屋里，徐志摩绝情地让她把肚子里的孩子打掉时，张幼仪依然不敢违背徐志摩的意愿，只是希望他忘记这件事，因为母亲从小给她的教育就是要服从自己的丈夫。而最终徐志摩抛弃了她和还未出世的孩子，从沙世顿莫名其妙地消失，让张幼仪对这种完全不负责任的做法十分地愤怒。既然徐志摩已经不再承担他作为丈夫和父亲的责任，那么张幼仪也不必再做一个贤妻。张幼仪平生第一次独自一个人做了一个重大的决定：她一定要生下肚子里的这个孩子，并好好地把他抚养大。

从沙世顿伤心离开的张幼仪，经过这段旅途，到了巴黎后，她的心境已经大不一样，逐渐变得坚强勇敢，不似以前那样毫无主见。

二哥见到张幼仪，告诉她凡事不用担心，等孩子出生后，他可以收养他。二哥深知一个得不到丈夫帮助的女子，没有任何能力独自抚养小孩。二哥的话，让张幼仪非常宽心，她感受到来自哥哥的关爱，那种血浓于水的亲情，永远是人间最真实最温暖的依靠。

张幼仪和哥哥一起生活了一个礼拜，她就感觉到一贯理想化的二哥，可能把这个事情看得太简单了。二哥是个钻研好学的人，以至于到现在还没有成家。他当时在研究西方哲学，为了听懂法国老师的课程，他还要在巴黎大学学习法文。他整天埋头研究他的学术论文，自己有时候忙得连饭都顾不上吃，根本不可能照顾得了怀孕的张幼仪，反而是张幼仪照顾起哥哥的生活了。而且更糟糕的是，哥哥在法国的学习即将结束，不久就要去德国耶拿大学学习，追随一位著名的哲学导师去了，而二哥离开法国时，她还是在孕期。

想到这些，张幼仪又不得不为肚子里的孩子另作一番打算，她想到了硖石徐家。在公婆眼里，张幼仪是一个非常孝顺懂事的儿媳，他们把她当作女儿一样的来疼爱。他们对长孙阿欢非常宠溺，如果张幼仪生下这个孩子后，送回去徐家，他们一定非常开心。

但是一想到回国，她非常害怕。因为在中国，离婚的不光彩从来都会怪罪女子。封建礼教给女人定了被休的条款，而男人们则非常逍遥，根本不会因为休掉妻子而被舆论谴责。被休掉的女人，会被大家无端地猜忌和指责。如果张幼仪回国，人们知道他和徐志摩离婚的话，人们一定对照女子被休的“七出”，来猜测张幼仪犯下的错误，人们无非是猜她因为离开了硖石去了欧洲，所以犯了不孝；或者是猜她不肯接纳徐志摩带回来的女朋友，而犯了“妒”；最坏的是，因为郭虞裳被徐志摩领回来在家里住了一段时间，人们会不会猜测张幼仪犯了私通的错误。这个时期的中国女人是没有地位的，如果因为离婚，人们罗列了这些罪名加在她的身上的话，她就没有脸再回到张家了，想到这些张幼仪感到非常的害怕。

她也想到双方父母对他们离婚这件事情的看法。徐志摩的父母是很传统的人，他们非常疼爱张幼仪这个媳妇，如果公公婆婆知道了徐志摩要找张幼仪离婚，一定会非常生气，就算是为了阿欢，他们也会尽力阻止，不让这样的事情发生。而张幼仪的父母，因为从小就看着张幼仪长大，他们知道自己的女儿行为稳重，不可能犯有被“休”的错误。如果事情真的到了不可挽回的地步，他们一定愿意接受自己的女儿再回到家里，而不是像有些家庭那样，对离婚的女儿不管不问。但目前，对于公婆和父母，张幼仪都不想把这些恼人的消息告诉他们，她不想因为自己的事情，而导致长辈们担心。她决定还是留在法国，暂时不回中国，去面对那些她无法应付的局面。

而在法国，她首先要想到自己的生存问题。以前徐家每月寄来的钱，徐志摩拿了大部分，只留了很少一部分给张幼仪来安排家中的生活，她离开沙世顿的时候，手里只有一点点的钱。想到以后自己在这里想要生存下来，一定要有经济来源，于是，张幼仪写信给徐家求助。她告诉公婆，自己已经怀孕，并且听取了这里人的建议离开阴冷潮湿的英国，来到了更适孕育孩子的法国。在信中，她隐瞒了徐志摩要和她离婚的事情，只是告诉徐家二老，自己住在二哥的家里，在法国一边求学一边安心地孕育孩子，并希望公婆能给她一些经济资助。

几个星期以后，张幼仪就收到了公公寄来的信和二百美金支票。徐家知道张幼仪又怀孕的消息，非常高兴，嘱咐她一定要照顾好自己的身体。至于生活费，他们告诉张幼仪不用担心，他们会按月寄二百美金支票过来，以保证她和孩子的需要。

办好这些事情以后，张幼仪的内心终于安定下来，接下来她要做的，就是保持好心情，养好身体，直到把孩子生下来。

虽然暂时可以和父母隐瞒她和徐志摩的现状，但是张幼仪担心的是这个事实终究会无法隐瞒。中国年轻夫妻离婚，必须要征得家长的同意，就目前徐志摩和张幼仪的年龄来说，必须得征求家长的意见。她担心一旦离婚，他们的事情导致父母和公婆伤心，自己是非常不孝顺的。二哥让张幼仪不要有太多的顾虑，他和张幼仪分析，中国已经产生了很多新思想，就婚姻关系来说，已经有法律条文规定，男女双方自愿就可以离婚，不必要征得家长同意等约束。

怀孕期间的张幼仪，经历过这一系列的打击，身体和心理都受到一定的影响,妊娠反应很厉害。看着张幼仪整天病怏怏的，似乎吃什么都没有胃口，二哥也是一筹莫展。二哥也考虑到自己的实际情况，心有余而力不足，实在没有办法好好地照顾张幼仪。他忽然想到在巴黎的郊区,有一对中国夫妻和他关系很好，也许他们那里更适合张幼仪。那对夫妻是来巴黎深造的，男主人叫刘文岛，和二哥以及梁启超等人志同道合，他们曾经一起组成非正式团体在巴黎和会上维护国家的主权，因此而结下深厚的友谊。他们在郊区租了一套比较大的房子，可以免费让张幼仪借住。

听了二哥的建议，张幼仪也觉得目前这个状况，似乎只有这样比较合适。于是，他跟二哥一道从巴黎乘火车，前去刘家。在火车上，二哥告诉张幼仪，因为不知道今后她和徐志摩之间到底会发展到什么程度，所以和刘文岛夫妻没有完全说出实情，他只是告诉刘文岛夫妇，徐志摩出去游历，而有着身孕的张幼仪不便跟随，所以找个合适的地方静养一段时间。

刘文岛夫妇租住的地方确实很偏僻，张幼仪和二哥乘坐了一小时的火车，然后还要步行大约半个小时才能到刘家。张幼仪走在通向刘家的乡间小路上，忽然就想起了沙世顿的那条小路，她暗自祈祷自己能在这里过得比较轻松，因为她想到沙世顿那些日子就像一场噩梦，让她害怕不已。

见到刘文岛夫妻，他们还很年轻，非常有礼貌，非常和善，和二哥一样，他们学贯中西，有着济世报国的情怀。刘太太亲切地对张幼仪说："希望你和我们在一起会觉得舒服愉快。"看着刘太太真诚的笑容，张幼仪觉得好温暖，这来自陌生人的关爱让她很不好意思，赶紧感谢他们，并为自己给他们添了麻烦表示不好意思。刘先生客气地回答说，因为很尊敬她的二哥，并且也很喜欢徐志摩，所以很乐意帮这点小忙。

张幼仪知道徐志摩在人们的心目中有着很高的地位，他因为斐然的文采和活泼开明的性格而受到很多人的热爱。她听着刘先生赞扬徐志摩的话，脸上露出客气的笑容。不过她心里在想，如果大家知道徐志摩在沙世顿的所作所为，知道他对待家人是如此的没有责任感，不知道大家还会这么钦佩他吗?

大家坐在一起说话的时候，张幼仪能够感觉到刘文岛夫妻关系非常融洽，通过他们之间眼神和一些默契的动作，能看出刘先生对太太非常的关心，张幼仪打心眼里羡慕这样的一对夫妻。在他们之前，张幼仪心目中的美满婚姻是妻子绝对服从丈夫的那种关系，就像自己的父母亲和公婆的婚姻，他们都是传承了旧思想，妻子和丈夫之间有着一种隶属关系，母亲也是这么教导张幼仪的。而当她看到刘先生夫妇，她才知道，夫妻之间是一种平等相待的关系，妻子和丈夫应该互相尊重、互相爱护。

刘太太是个非常细心的人，在张幼仪二哥给他们信中说到张幼仪的事情后，她就给张幼仪布置好了房间，带张幼仪参观他们为她准备的房间。张幼仪看出房间虽然并不豪华，但在细节上处处能感觉到家的温馨，而这些都是一点一滴的爱。

那天他们的谈话对张幼仪触动很深。特别是刘太太说到她想和丈夫一道出国留学。和所有封建守旧的家庭一样，公婆不同意她的请求，她的丈夫是如何在父母面前诚恳地请求，感动了他的父母，终于同意他们一道出国。听到这里她非常羡慕刘太太。因为差不多的的经历和背景，张幼仪完全理解当时刘太太争取出国有多难，而她和刘太太不同的是，刘太太的丈夫为了能和妻子一道出国而做了很大的努力。而自己只是在家里担心徐志摩在外出岔子的情况下，才勉强同意她出国，特别是出国后所遭受的一切，和刘太太完全是不一样的。

二哥把张幼仪托付给了刘文岛夫妇后，就要和张幼仪告别了，他告诉张幼仪，现在的情况不比在中国时候，她一定要设法自己独立起来。尽管张幼仪能确定，自己在刘先生的家里一定会和他们很好地相处，会过得很好，但是看到二哥离别的身影，她还是感到非常的失落空虚。

在这里的日子过得确实很轻松，刘文岛夫妇的学校离家里比较远，所以他们白天并不回家，但是晚上一定会回家吃晚饭。

白天的时间，张幼仪听从了刘太太的建议，请了一位老师来家里教她法语，当初听到刘太太的建议，张幼仪开心极了，想起自己在英国时候特别想学外语，可是只有一点点学习的机会。而现在，她终于可以在轻松的环境下，认真地跟随老师学习。

刘文岛夫妇每天晚上回来，会在吃饭的时候和张幼仪说一些开心的话题。他们夫妻真的就是张幼仪曾经幻想的那样的状态，每天早晨一道出去上课，晚上回来后，他们还会探讨一些事情，然后就是各人安静地做自己的事情。张幼仪观察到，不仅是刘先生用功，她经常看到刘太太学习也学得很晚。刘先生非常尊重刘太太，他们有时候遇到问题时，刘先生会询问刘太太的意见，而刘太太则落落大方地一道谈论和分析，看着他们相敬如宾的幸福模样，张幼仪才能体会到，婚姻的美好原来是这样的，并不是丈夫强横霸道，妻子只知道唯唯诺诺。

这不免让张幼仪联想到自己的婚姻，那是遵照旧式婚姻关系而结合的夫妻，深受礼教浸染的旧式妻子，却遭遇到一个全盘接受新思想的丈夫，没有任何一个纽带能将他们联系在一起。到这个时候她这才明白，自己明明是大脚，为什么徐志摩总是认为自己是小脚女人，原来他说的是张幼仪守旧的思想。张幼仪从小就非常顺从，在家听父母的话，无条件地接受父母安排的婚姻；出嫁后听公婆的话，不轻易踏出过院子的大门，来到国外，她忍受来自丈夫的各种嫌弃和嘲笑，而从不发声反抗。她服从了所有她认为应该服从的人，却从来没有认真地对待过自己内心真实的想法。

她从刘太太身上，看到了一个“大脚”女子该有的模样。虽然自己并没有被缠足，更重要的是一定要把自己的观念解放。作为张家第一个没有缠足的女孩子，她决定摆脱那些旧行为道德的束缚，做一个真正的有思想有自由的女人。而自由的前提，是自己一定要独立，不再依靠任何一个人或者是家庭。来到法国以前，她还考虑过如果不想离婚，她可以在孩子生下来以后，将孩子带回硖石，直接请求公婆阻止徐志摩的行为，以后还是能过着养尊处优的生活，而不用承受那么大的辛苦。而在巴黎乡村的几个月里，张幼仪想通了很多的事情。以后的生活是自己的，和徐志摩之间是永远无法交汇的两条路，与其背负一个徐太太的名在痛苦中辗转，不如潇洒地放手，用心过好以后的岁月。

从怀孕四个月时来到巴黎，到现在怀孕八个月，张幼仪的思想发生了很大的变化。一开始意志不坚定，感到前途渺茫，而现在她完全规划了自己今后的生活：她不想依靠别人，可以完全凭借自己的力量，将孩子生下来并亲自抚养。她想起自己曾经在苏州女子师范学校上学时候的情形，想起自己数次被中断的学习机会，她暗自下定决心，和徐志摩离婚以后，自己必须要坚持学习，掌握一种生存技能，最好还是做老师，这样，既能有独立生存的经济能力，又能教育好自己的两个孩子。

第一次，张幼仪萌生出了独立自主的意识。

这种坚强的意识，是张家的精神底色：当初张家屈辱地从大宅搬到南翔，从一无所有，到家业兴旺，全凭的是张家人坚韧不拔的毅力。作为张家的女儿，张幼仪决心也要凭借自己的能力，来洗刷自己在婚姻生活中处于完全失败境地的耻辱。

02 德国产子

在刘家四个月，这段时间，张幼仪过得很安静，思想也通透了很多。

毕竟和刘文岛夫妇说是暂住一段时间，现在已经过去了四个月，虽然他们夫妻二人对张幼仪照顾得非常周到，张幼仪还是不好意思打扰人家太久。好在二哥来信告诉她，七弟已经来巴黎了，他已经把张幼仪的地址给了他，他会来看望并照顾她。看到这封信，张幼仪真的很开心。因为七弟是个非常心细的人，从小就很柔弱，性格、思维方式都像女孩子。家人都说张幼仪出生的时候，身体强壮，哭声也很大，把七弟的男子气概都带走了。七弟做事非常细致，和二哥完全不是一个类型，有七弟在，张幼仪会得到很好的照顾。

张幼仪那些天一直在听着外面的动静。有天傍晚，街上有马车经过的声音，到了他们家的门口，车停住了，张幼仪听到有人和车夫对话的声音，张幼仪推开窗子一看，是七弟从马车上跳了下来，她开心极了，大声地和七弟打着招呼。

七弟虽然长大了，可还是女孩子的性格，心思细腻。他临出国前，还特意去了趟徐家，徐志摩的父母还给七弟带了一小包徐志摩爱吃的蜜饯。国内那边根本不知道张幼仪和徐志摩的现状，之前看到张幼仪的信里，都是报平安的消息，大家都以为张幼仪和徐志摩在这边过得很好。七弟到了巴黎后，和在德国的二哥通电话时，二哥才告诉他张幼仪现在的处境，七弟听到后非常着急，立刻就租了一辆马车赶了过来。他看到姐姐后，眼泪一下就下来了，见面就心疼地说张幼仪气色不好。其实这段时间，张幼仪在刘文岛夫妇的家里过得还是相当不错的，面对七弟因为过于担心而说的话，她感到非常的温暖，自从嫁出门以后，好久没有人这么关心过她了，她只有委屈自己去服从别人，而从来没有人考虑她过得好不好。

晚上七弟也没有回他在巴黎定的旅馆，而是找来一把躺椅，在张幼仪床边睡了一宿，七弟说了很多话，说家里的父母兄妹状况，又问到张幼仪现在的情况，他问徐志摩到哪里去了，张幼仪不知道该怎么样跟七弟说那些让她心碎的事情，所以她只好装作很平静，就当他是失踪了。

七弟告诉张幼仪，因为德国的生活水平很低，在那里留学会比较划算，所以他也要去德国读书。第二天就要走了，七弟很舍不得张幼仪，他看着张幼仪已经八个月的的身孕，很担心她生孩子时候，谁会在她身边照顾她。毕竟刘太太的学业很重，也不可能去照顾张幼仪的起居。

第二天一早，七弟和张幼仪告别，他要回旅馆收拾一下。目送七弟离开，张幼仪心里又是一阵难过，她回想着七弟昨晚说的话，觉得非常有道理，忽然一个想法无法遏制地冒了出来，她要和七弟一起去德国，二哥也在那里，那样的话，家里人就在身边，对于自己即将要面临的生产问题，就不用太担心了。女人在最苦难的时候，应该是和家人在一起。况且七弟那么有耐心，而且也会做很多的事情，他们住在一起，七弟会很好地照顾自己。

想法一旦确定，她按捺不住焦急的心情，立刻将自己的简单行李收拾了一下，等刘文岛夫妇一回来，她立刻向他们致谢并辞行，她告诉他们，她要和弟弟一道去德国。于是，张幼仪又一次匆匆离开了她的临时住所，这让她又想到离开沙世顿时候的情景，那时她走得很匆忙，带着一些凄惶，但这次的离开，是张幼仪深思熟虑后的结果，她已经为自己今后的人生做了一个规划。

到了德国，张幼仪和七弟住在一起生活。七弟真的是非常适合照顾张幼仪的人，他不仅会煮饭、打扫卫生，还做得很好。他经常会问张幼仪想吃什么，还会做些适合孕妇吃的营养食物。

在张幼仪生产前的一个多月，都是七弟在悉心地照顾她。

中国人的习惯是请个产婆在家生孩子，就算再有钱的人家也是这样的，张幼仪生阿欢时候，就是产婆帮她接生的。而外国人，出于安全和卫生的考虑，生孩子总是会去医院。

到了生产的那一天，七弟将张幼仪推进产房，并让张幼仪坚强点，因为德国医院的妇产科是非常有名的，一定会顺利地生下孩子。1922 年 2 月 24 日，张幼仪又生下一个男孩。这让她有点小小的失望了，因为怀这个孩子的时候，和怀阿欢时候的感觉不一样，她认为一定是个女孩子的。甚至她在心里已经打算好，以后一定用文明的方式来教导女儿，让她自由地接受教育，让她上新式学堂，总之，把张幼仪曾经很想却没能实现的那些遗憾，全都弥补上。结果等医生把那个跟徐志摩长得一模一样的男婴抱来给张幼仪看时，张幼仪是哭笑不得。

帮助张幼仪接生的医生夸奖张幼仪是他见过最勇敢的产妇，因为别的产妇都是家属在外面陪护等待，而这个身在异国的单身女人根本没有陪伴的人在身边。医生的一番话，让张幼仪心里一阵难过，她不由的将这第二个儿子和阿欢做了比较。在生阿欢的时候，自己的婆婆和母亲都在身边，屋子外面也全是徐家焦急等待着消息的人，产婆那声“是个男孩”更是让全家都乐开了花，整个产房都是笑声和恭贺的声音。而现在，产房里冷冷清清，只有张幼仪一个人，连七弟也没有进来，他将张幼仪送进产房后，就离开了，他认为男人最不能做的事情就是在女人的产房里待着。

产后的张幼仪有点虚弱，一直在医院里住了一个星期，身体才慢慢地恢复了过来。终于要到出院的日子了，她忽然感到非常的焦虑，她不知道一个人在国外，怎么照顾这么幼小的孩子。语言又不通，怎么去为孩子准备那些被子、小床、衣服等必需品。虽然她养过孩子，但是阿欢一直是婆婆照顾，不要她插手。可是现在就很麻烦了，她不知道如何去照顾一个婴儿。

她这才意识到，自己根本没有为这个孩子的来临做任何的准备。因为身体还有一点生产的后遗症，没有完全恢复，张幼仪不得不和医生商量将孩子放在医院一段时间，等她回去将一些婴儿用品准备好。

让她感到寒心的是，在自己离开沙世顿一直到生下孩子，徐志摩竟然没有一丝音讯。他只是不想出现而已，如果想要打听，很容易就能打听到张幼仪的行踪。虽然已经不对这段婚姻抱任何期望，她还是无法原谅徐志摩作为一个父亲的冷漠。

七弟将她接回他们租住的公寓时，装作不经意地说家里好像有徐志摩的一封信，听七弟这么说，张幼仪心里不禁冷笑了，终于出现了，大概是已经知道张幼仪生下孩子了，是到了要做个了断的时候了吧。自己吃了这么多的苦，从沙世顿狼狈地逃离，又到了巴黎的乡下，拖着八个月的身孕又到了德国，这些想必徐志摩也是知道的，但是他就是从不出现，这会儿知道孩子已经生下来，所以才来了这封信。他来信还是那个荒唐的“不做徐志摩的妻子”，却要“做徐家的儿媳妇”的提议吗？他看重的是张幼仪稳重体贴，能照顾好自己的父母，他想要张幼仪承担责任，却不打算给她任何的回报。好一个自私的人！

当张幼仪拖着疲惫、虚弱的身体回到住处，她拿到了那封信，信封上是徐志摩的笔迹，但不是从邮局寄来的。七弟说这封信是徐志摩的一个叫吴经熊的朋友送过来的，并且他留下了他的联系方式。

她拨通了吴经熊的电话，吴经熊一听到张幼仪的声音，明显有点紧张了，他有点心虚地解释说，那封信是徐志摩要他送过去的。张幼仪实在不理解徐志摩为什么会懦弱到这种程度，为什么离婚的事情总是假手别人，让不同的人来给他传话。这让张幼仪越想越气愤，她不禁提高了声音，质问徐志摩是不是就和他在一起。吴经熊也因为被张幼仪套出了徐志摩的下落而有点恼羞成怒，不高兴地让张幼仪别问那么多，看了信什么都明白了。

七弟听到张幼仪和吴经熊的对话，知道了事情大概有点麻烦，为了给张幼仪一个安静的空间，好好地处理这棘手的事情，他带了一本书出去了。

虽然心里早已经猜到了信的内容，但是女人总是会对事情抱有幻想，她希望在信里，看到徐志摩良心有所发现的话，也许是要问一下张幼仪在他离开后的日子里是怎么过的？孩子现在怎么样？最起码要表示一点歉意，毕竟是他抛弃了孕中的妻子。

她小心翼翼地拆开信，仔细地看了信的内容，徐志摩那一首飘逸俊秀的字迹，诉说的全是他对无爱婚姻的不可忍受，洋洋洒洒一大张纸最终浓缩成两个字——“离婚”。信里有这样一段内容：

真生命必自奋斗自求得来，真幸福亦必自奋斗自求得来，真恋爱亦必自奋斗自求得来！彼此前途无限……彼此有改良社会之心，彼此有造福人类之心，其先自做榜样，勇决智断，彼此尊重人格，自由离婚，止绝痛苦，始兆幸福，皆在此矣。”

好一段冠冕堂皇的说辞，说什么“彼此前途无限”，张幼仪觉得好笑，徐志摩凭哪一点认为一个单身的弱女人离婚后会前途无限？又凭什么说“尊重人格”，从徐志摩见到张幼仪的照片开始，他就从来没有试图尊重过张幼仪的人格。张幼仪觉得徐志摩写这些东西，并不是为了给张幼仪看，而好像是要登在报上给大家来做榜样的。

多年以后，张幼仪回顾自己的一生，和徐志摩离婚，确实做到让她“前途无限”，但是在张幼仪刚生下孩子，身体虚弱，前途不明朗的情况下，说什么“前途无限”似乎是极不负责任的说法。

张幼仪又打了一个电话给吴经熊，用平静的语气告诉他请徐志摩接电话，她想他们应该是在一起的，吴经熊依然警惕地防范着张幼仪会来胡闹，他告诉张幼仪他不会说出徐志摩的行踪。张幼仪知道徐志摩性格非常着急，她就告诉吴经熊，只要跟徐志摩说，明天她会去吴经熊家跟他碰面就可以了。她笃定，徐志摩一定会在那里等她，因为他急需要一个结果。

她忍着身体的不适，和吴经熊通完电话后，剩下的时间她都安静地躺在床上，她告诉自己要好好地休息，第二天尽可能以最好的姿态去见徐志摩。在徐志摩抛弃她和孩子离开之后，到现在他们已经有半年多时间没有见面了，她不允许自己像一个弃妇那样憔悴的样子，她要给徐志摩看看，没有他，她依然可以活得很好。

尽管毫无胃口，张幼仪还是勉强吃下了七弟做的简单的晚饭。看着张幼仪心事重重的样子，七弟也没有问任何事情，因为他知道夫妻之间的事情，旁人无法置喙，张幼仪会有自己的处理办法。

第二天，张幼仪租了一辆马车，走了好久才找到吴经熊所住的偏僻地方，吴经熊略带尴尬地在门口等着。虽然他支持标榜自己是“改良社会之心”的徐志摩，但是中国有句古话：“宁拆一座庙，不毁一桩婚。”中国人对待婚姻关系还是尽量保护的，所以他为自己做的这个“恶人”有点没有底气。在吴经熊带领下，张幼仪走了进去，在客厅里，她看到了徐志摩，那个消失了半年之久的人，看出他外形成长了一些，但是，心智依然不成熟，竟然找了四个同伴陪着他，这个懦弱的男人，真的让张幼仪有点看不起。

张幼仪刻意掩饰自己的情绪，非常平静地首先开口：“你想要离婚，那很容易。”听到张幼仪这么说，徐志摩仿佛猜到张幼仪下一句话，要拿他的父母来压他，他立刻说：“我已经告诉我父母，他们同意这件事。”张幼仪好不容易建起来的情感防线，被这一句话完全击溃，她显然知道公婆是不会同意这件事情的，但是他应该是和公婆说过这个事情了，一向待自己像女儿一样的好，两位老人家面对这样的选择该有多么难过啊。心里一阵钝刀划过的疼痛感，让她眼泪一下涌了出来。

强忍住心里的难过，她也不能示弱，她正色对徐志摩说道：“你有父母，我也有父母，如果可以的话，让我先等我父母批准这件事。”本来看到张幼仪哭泣，还面露轻松之色的徐志摩听到张幼仪这么说，立刻急躁了起来，他说他没有时间等了，于是脱口而出：“林徽因……林徽因要回国了，我非现在离婚不可。”

张幼仪猛地抬眼正视着徐志摩——终于在这里露出了他的真正意图，说什么理想说什么自由，不过是因为有了女朋友才这么迫不及待地要离婚罢了。他只是在用所谓革命性的壮举来掩饰他的私心——他需要有个单身的身份去追求林徽因。

张幼仪眼前浮现出在硖石那次，徐志摩激动地说要做“中国第一个离婚的人”时候的情景。那个时候的徐志摩，也许真的想要拥有和传统挑战的勇气，和现在完全不是一回事情。现在的徐志摩急于讨好他的女朋友，最起码的道德都不顾了，甚至连张幼仪将离婚的消息告诉父母知道这点时间都等不了。张幼仪从小就被教育要懂得孝道，离婚这样的大事，却被徐志摩逼迫着不能征得父母同意，她心里觉得非常对不起自己的父母。

在张幼仪思考着这些事情的时候，徐志摩已经急不可待地把离婚文件拿到了张幼仪的面前。一霎时，张幼仪觉得徐志摩着实让人感到恶心，她稳定住自己的情绪，控制住自己的鼻息说：“如果你认为离婚的事情做得对，我就签字。”虽然她有点懊恼自己的语气依然是一贯以来的服从。但是她自己知道，对于徐志摩，她是在法国住在刘家时候就已经考虑清楚了，他们一定是要离婚的，自己也不会要他了。

徐志摩听到张幼仪这么说，高兴极了，赶忙把文件推过来给张幼仪签字，并且连声说道："太好了！太好了！"同时还依然用那种作秀式的语气说："我们一定要这么做，中国一定要摆脱旧习气。"

离婚文件是用中文写的，张幼仪能看懂文件的内容，她可笑地发现条款里面说男女双方已经一致决定终止婚姻，这场离婚，明明就是徐志摩一手操纵的结局，丝毫没有考虑过张幼仪的感受，没考虑到她是一个才生下孩子两天的虚弱女人。这不是一场势均力敌的对峙，张幼仪感觉到非常的累，从生理到心理上，都吃了一个大败仗。

张幼仪细细地看着文件里的内容，还说到男方要付给女方五千元的赡养费，实际上，离婚过后的徐志摩从来没有手头富裕过，他需要花钱的地方实在太多，也就忽略了要给张幼仪的这五千元。文件最后签名的地方，赫然已经签上了徐志摩的名字，连证人栏的四个人都签好了，这是一场早就准备好的绑架。命运也许早在徐志摩看到张幼仪照片的那个时刻，就隐藏在这里，等着今天。张幼仪毫不犹豫地在空白处签了自己的名字，一共签了四份。在张幼仪看文件的过程中，徐志摩一直紧盯着她的动作，一点响动都没敢发出，他深怕一个小意外，张幼仪会反悔。

看到张幼仪最后一个名字签完的那一刻，他一把把文件归纳到一起拿在手上。

张幼仪平生第一次，坦然平等地正视着徐志摩，略带嘲讽地祝他能找到一个更好的太太。现实往往喜欢和人们开玩笑，事实证明，徐志摩在婚姻上，最终都没有能称心如意。

徐志摩拿到签过字的离婚文件高兴地跳了起来，陪伴着他的那四个朋友围上去大声地祝贺他，纷纷仪式性地握住他的手，庆贺他的“新生”。兴奋过头的徐志摩甚至还很西化地对张幼仪说了声谢谢。然后以像舞台话剧那样的腔调说：“你张幼仪不想离婚，可是不得不离，因为我们一定要做给别人看，非开离婚的先例不可。”

对于这场像闹剧一样的离婚仪式，张幼仪看到的是一群虚伪的人，那几个见证徐志摩离婚的人，也是当初曾经见证徐志摩结婚的人，几年的时间里，祝贺他们结婚的人转而纷纷祝贺他们离婚。

其实摆脱了这场婚姻，最值得高兴的应该是张幼仪，禁锢在没有爱情，没有未来的婚姻里，对女人来说是一种慢性自杀，等到耗尽了所有的青春和红颜，留给自己的只能是无尽的孤寂。摆脱这段毫无指望的婚姻，才有重生的机会，才会有张幼仪以后精彩的人生。

等到那场庆祝活动结束，徐志摩已经是自由之身后，他才忽然想起来张幼仪还给他生了一个孩子，提出要去看看那个孩子。张幼仪告诉他孩子在医院里，如果想看，可以去医院。徐志摩用很不高兴的口吻责怪张幼仪，怎么把孩子留在医院里。张幼仪毫无表情地看着徐志摩，那眼神告诉了他，这个与他没有丝毫的关系。

带着摆脱束缚的好心情，徐志摩隔着育婴房的玻璃，他看着自己的儿子，大概看到那个孩子和自己很相像，他很有兴致地评价说，这个孩子和他惊人的相似，说到开心处不禁笑了出来。徐志摩和张幼仪隔着玻璃看着里面的孩子，就像所有年轻的夫妇一样。不过他们又不一样，那些人接下来会满心欢喜地将孩子接回家去，夫妻共同精心地抚养孩子。而他们的这个孩子只属于张幼仪一个人，徐志摩像是看一个玩具那样地看着那个小小的人儿，根本没有问问这个孩子以后的安排，跟谁生活，怎么抚养。徐志摩从小过的就是锦衣玉食的生活，向来都是别人为他考虑，他不需要为别人考虑什么，就算是他的儿子，他也丝毫没有要尽责任的想法。

对于这个孩子来说，徐志摩是个陌生人，在他短暂的生命里，从来没有感受到过来自这个应该称作父亲的人的关爱。

03 浪漫的诗人

张幼仪十五岁嫁到徐家，一直到二十二岁和徐志摩离婚。一场无爱的婚姻，张幼仪耗掉了七年大好的青春，失去了几次上进求学的机会。她的个人成长从 15 岁那年进入徐家就停止了，而徐志摩在结婚后，自由地进入欧洲的学校学习，最终成为了家喻户晓的新派诗人。两人之间的差距越来越大。

张幼仪是个有思想肯学习的人，她也懂得经营自己的婚姻，一直想凭借自己的努力，希望多学到一些知识，缩短和徐志摩之间的差距。但是她的努力徐志摩根本没有看在眼里，他的眼里从来就没有张幼仪。他只会说一句："你懂什么，你能说出些什么？"

那个时候，徐志摩魂牵梦萦的，是一位漂亮，有才华的著名女子——林徽因。

徐志摩在伦敦期间，和一些思想进步的人士过从甚密。他们经常参加一些政界的小型聚会。一次，国内政界风云人物林长民赴欧洲考察，林长民和徐志摩的恩师梁启超是好朋友，徐志摩早在国内就有耳闻，这次恰逢林长民来欧洲，便关注起林长民的行动。一次机缘巧合，徐志摩有机会听了林长民的一次演讲，因此结识了林长民，并且和林长民一见如故。

林长民这次来欧洲，还带着他十六岁的女儿林徽因。林徽因此番随父亲来欧洲也是为求学，她是一个非常聪慧的女子，不仅对中国古典文学造诣很深，也曾受到西方文学的熏陶。她跟随开明的父亲，不仅领略过祖国的名山大川，还结识了很多社会名家，而她更喜欢的是看书，她在家中喜欢偎在壁炉边，冲一杯咖啡，读书静思。

徐志摩和林长民的友情很浓烈，发展成了忘年交，林长民也非常欣赏徐志摩，他很得意地在徐志摩面前提到了自己的宝贝女儿，说她是个很不一般的女子，“论中西文学与品貌，当世女子舍其莫属。”这引起了徐志摩的兴趣。一个寻常的午后，徐志摩来到林长民的住处，两人相谈甚欢，不经意间，徐志摩见到了一个俏丽的身影，徐志摩对林徽因一见钟情，他认定，这个女孩就是他一直等候多年的佳人，从此徐志摩一头扎进了浪漫的爱情无法自拔。

如林长民说的那样，林徽因确实是有才华的女子，精文学、擅丹青、懂音律，虽是一个娇弱的女子，可贵的是，她对建筑设计还有着惊人的天赋。她的这些优点，再加上甜美的容貌，让徐志摩无法不倾心。那个在徐志摩眼中“乡下土包子”的张幼仪，是无论如何也无法和林徽因相比的。

当张幼仪在硖石侍奉公婆，教导儿子阿欢的时候，徐志摩频频上门拜访林长民，甚至有段时间每日都在林家喝下午茶，就是为了一睹佳人风采；当张幼仪在国内争取说服公公婆婆要来欧洲的时候，徐志摩和林徽因之间的爱情正如火如荼。所以张幼仪的到来，是徐志摩极不情愿的，她是一个彻头彻尾的“破坏者”，成了打扰徐志摩心目中“最好的爱情”的不受欢迎的人。张幼仪的感觉没有错：在马赛港口，徐志摩是那些等待的人中最不愿意待在那里的人。徐志摩在沙世顿时每天都往理发店跑，寄出自己的情书，那些用英文写的美丽的词句，就是给这个满腹锦绣的林徽因。张幼仪没有看懂那些英文，如果看懂了，她也就知道为什么丈夫对她冷若冰霜，因为他所有的热情都给了那个信中的女子：

“如果有一天，我获得了你的爱，那么我飘零的生命就有了归宿，只有爱才能让我匆匆行进的脚步停下。让我在你身边停留一小会儿吧，你知道忧伤正像锯子锯着我的灵魂……”

徐志摩一封封热烈的信，打动着林徽因那颗少女的心，她和他正在进行着一场轰轰烈烈的爱恋。

就如徐志摩自己描述的那样：“真诗人梦境最深——诗人们

除了做梦再没有正当的职业——神魂远在祥云缥缈之间，那时候随意吐露出来的零句断片……”他是一个不切实际的人，过于浪漫、理想化，他给得了林徽因许许多多柔情的诗句，却拒绝给自己妻子张幼仪一个温暖的眼神。

当张幼仪被遗弃在沙世顿的小屋时，当张幼仪在巴黎郊区刘文岛夫妇家里避居时，徐志摩正徜徉在剑桥的后花园，和狄更生、福斯特等文学家组成了一个叫“中英会社”的文学团体，在文学的世界里恣意地游弋。他已经将白话文运用到诗歌上，并且创作出大量轻快、灵动的诗歌：

诗人呦！可不是春至人间
还不开放你
创造的喷泉。
嗤嗤！吐不尽南山北山的璠瑜，
洒不完东海西海的琼珠，
融合琴瑟萧笙的音韵，
饮餐星辰日月的光明！
诗人呦！可不是春至人间
还不开放你
创造的喷泉

创作这些诗歌的时候，他抛弃了一个怀孕的女人，那是个多么简单的女人，在异国他乡没有亲人、没有依靠、没有收入，那个女人是他的合法妻子。他心里丝毫没有阴影，也从来没有负罪感，生活得洒脱自如。在张幼仪沉浸在被抛弃的痛苦，甚至准备和孩子一起自我了断的时候，他把一封封的信写给了林徽因，一首首的情诗写给了林徽因。他与她轰轰烈烈的的爱情，成为在英国生活学习的中国文人圈子里的佳话。

纵然他们爱得热烈，但是有个不容置疑的事实，他们无法逾越，徐志摩已经有了妻室，还有一个两岁的儿子；而林徽因也早已许配给了梁启超的公子梁思成。

徐志摩视林徽因为世间最高贵的女神，深深沉醉在对林徽因的爱慕中，甜蜜忧伤，患得患失。他知道林徽因不可能不介意他是个有家室的人，所以他尽力想摆脱张幼仪。他用了很多办法，冷落张幼仪，让她一个人在举目无亲的异国彻底孤寂。他需要离婚，用自由之身去追求林徽因，但是偏偏张幼仪又是个端庄贤惠，稳重得体，挑不出毛病的妻子，他有些愧疚，无颜直接说出离婚的理由，而是托朋友之口提出。这一切无法得逞后，他干脆一走了之。

林徽因花样年华，情窦初开，面对徐志摩这样一位风采卓绝的才子，整日里读着他为她写的诗，怎么可能不动心。林徽因虽然只有十六岁，但是她是个非常有清醒意识的人，她知道他们之间有着很大的距离，虽然她受到西方文化的熏陶，但她从小是在旧式伦理教育下成长起来的，她感到无力去承受徐志摩炙热的爱。无法舍弃又不能接受，所以她只能以沉默相待，有时刻意回避他那温情灼人的目光。

林徽因的一首《深夜里听到的乐声》诗里，表达了自己对这段感情的犹豫：

一声从我心底穿过，
忒凄凉，
我懂得但我怎能应和？

生命早就描定她的式样，
太薄弱，
是人们的美丽的想象。

除非在梦里有这么一天，
你和我，
同来攀动那根希望的弦。

林徽因和徐志摩相恋，但是她从来不说什么未来。因为她的家庭也有着这样的情况，林徽因是林长民的大老婆所生，但是林长民一直对给他生了一个儿子的小老婆很好。这让林徽因觉得母亲受到了伤害，她很讨厌这种婚姻关系。对于徐志摩有妻子的事情，林徽因颇有顾虑，她不想伤害另一个无辜的女人，但是又割舍不下对徐志摩的爱恋，她曾经写信给徐志摩说道:“我不是那种滥用感情的女子，你若真的能够爱我，就不能给我一个尴尬的位置。你必须在我和张幼仪之间做一个选择，你不能对两个女人都不负责任。”就是这样一封信，让徐志摩迫不及待地下了决心，他这么大费周章一定要离婚，就是要挽回林徽因的心。

他称自己的和张幼仪的离婚是《笑解烦恼结》

如何！毕竟解散，烦恼难结，烦恼苦结。

来，如今放开容颜喜笑，握手相劳；

此去清风白日，自由道风景好。

听身后一片声欢，争道解散了结儿，

消除了烦恼！

这是他一生中唯一一首为张幼仪写的诗，表达他摆脱这段婚姻后轻松快乐的心情。

但是，徐志摩并没有如愿以偿。

林长民觉察到徐志摩和女儿之间的感情纠葛，他虽然是个阔达明朗的长辈，和徐志摩一样也提倡爱情自由，但是面对自己女儿陷入和有妇之夫的感情纠葛，特别是徐志摩这样的名人，他不得不和林徽因说明了一些情况，帮助女儿来分清当前的局面，告诉女儿如果继续和徐志摩纠缠不清，那会对自己很不利。张幼仪的出身并不低微，而且她贤惠的名声在外，如果拆散人家的家庭，那么将会受到道德的谴责，世人的流言会损伤她的清誉。再说，林徽因早已许配给了梁思成，和徐志摩比起来，虽然徐志摩的才情和风采都胜过了梁思成，但是，梁思成能给林徽因一个现世的安稳，而徐志摩只能带来激情，幸福并不牢靠。

林徽因是个很清醒冷静的女子，她听从了父亲的劝告，决定割舍这段本就不应该存在的感情。当徐志摩如愿离婚成了自由之身时，林徽因已经决定随父亲提前回国。

诗人徐志摩离婚后，绝口不提自己的婚外恋情行为，而是高调地标榜自己用自身的力量去推动一场时代的变革，成功地成为中国近代离婚第一人。他在国内的报纸上醒目位置刊登了他和张幼仪的离婚通告，这一举动让很多人都感到难以接受。

首先是徐志摩的父母，他们惊闻徐志摩和张幼仪离婚的事件，对徐志摩的行为无法原谅，他们知道孝顺端庄的张幼仪不会有任何问题，而是儿子有负于她。于是，为了弥补徐家对张幼仪的亏欠，徐志摩的父母认张幼仪做他们的干女儿。

徐志摩的恩师梁启超对徐志摩和张幼仪离婚一事的做法，

颇有看法，写信道：

> 吾昔以为吾弟于夫人（此名或不当，但吾愿故用之）实有不能相处者存，故不忍复置一词。今闻弟归后尚通信不绝，且屡屡称誉，然则何故有畴昔之举，实神秘不可思议矣。

他指责徐志摩不应该把自己的快乐加诸所有关心和爱护他的人的痛苦之上，“人类恃有同情心，以自贵于万物。万不容以他人之苦痛，易自己之快乐。”而徐志摩依然是以一些冠冕堂皇的冲破旧传统束缚的大道理来回复梁启超的信：

> 我之甘冒世之不韪，竭全力以斗者，非特求免凶惨之苦痛，实求良心之安顿，求人格之确立，求灵魂之救度耳。
>
> 人谁不求庸德？人谁不安现成？人谁不畏艰险？然且有突围而出者，夫岂得已而然哉？
>
> 我将于茫茫人海中访我唯一灵魂之伴侣；得之，我幸；不得，我命，如此而已。
>
> 嗟夫吾师！我尝奋我灵魂之精髓，以凝成一理想之明珠，涵之以热满之心血，朗照我深奥之灵府。而庸俗忌之嫉之，辄欲麻木其灵魂，捣碎其理想，杀灭其希望，污毁其纯洁！我之不流入堕落，流入庸懦，流入卑污，其几亦微矣！

梁启超借徐志摩离婚一事，谴责其做人有失厚道，因为徐志摩追求的女人，正是他儿子梁思成的未婚妻。

04 裴斯塔洛奇学院里的中国女生

张幼仪把自己的一生分为“德国前”和“德国后”，在“德国前”，她总是服从，在家听从父母的安排，中断还没完成的学业和徐志摩结婚；出嫁后，服从公婆的安排，放弃自己所有的理想，困守在徐家的庭院里；追随丈夫去欧洲，本来以为来到西方可以继续学业，岂不料成了穿着洋服的保姆，最终被丈夫用非常手段逼迫离婚。对于命运加诸她身上的这些经历，她从没有独立的意识，只是习惯性地顺从。而在“德国后”，她成了自己的主人，凡事自己思考做决定，成为一个有独立意识的人。最终她赢得了人们的尊重，甚至徐志摩也对她有了新的看法。

但是刚离婚的时候，张幼仪却没有这么勇敢，她一度不知道自己该如何生活下去。带着这么小的一个孩子，自己并没有教育孩子的经验，也没有可以养活自己的手段。最消沉的时候，她甚至想到过是不是要回国，把孩子还给徐家。可是她立刻又否定了自己懦弱的想法。在离婚文件上签字的那一刻，张幼仪告诉自己，以后一定要靠自己的努力站起来，不用求助任何一个人。

她不能回国内还有一个隐情就是，父母不知道他的婚变。徐志摩没有给张幼仪去征得父母同意的时间，张幼仪认为自己已经很不孝了。她希望在欧洲生活几年，让父母渐渐接受他们离婚的现状。就算父母能谅解她，但是她根本无法承受世人对她的嘲讽，在那样的年代，被“休”掉的女人，一定会被社会孤立。特别是徐家那样有名气的人家，这件事件一定被人议论。她还没有那样强大的心理去面对回国以后的一切，所以她必须留在欧洲，必须让自己变得强大起来。

留在欧洲，德国是最适合张幼仪生存的地方。德国四年前经历了第一次世界大战，成为战败国，国内政局动荡，造成了货币严重贬值，这种情况下，徐家每月给张幼仪寄来的二百美元，就非常值钱了。张幼仪把这些钱换成很小面额的美元，一元钱在市场上就能买很多的东西，足够应付他们日常的所有开支。张幼仪特意从汉堡搬到了柏林，因为柏林经过战后重建，是个繁华的新兴城市，很适合人们在这里生活。她真正地开始谋划自己的生活，考虑着怎样才能在异国他乡生存下去。

在张幼仪的生命中，二哥一次又一次地在她最困厄的时候，给予她最实际的帮助，在德国，张幼仪不会说德语，也不了解德国的社会情况，二哥把一位叫朵拉的女子带进了张幼仪的生活中。朵拉是位为人亲切、说话柔和的维也纳人，在德国生活了很多年，是二哥在大学时期的朋友。在张幼仪离婚后，二哥知道张幼仪要在德国生活的打算，他曾和朵拉说起过他这个妹妹的情况，朵拉主动和二哥说，她愿意帮二哥的忙，承担起照顾张幼仪和孩子的任务，并且会帮助张幼仪在德国安顿下来。

朵拉的到来，让张幼仪在德国生活的计划变得切实可行。在德国最初的几年，如果没有朵拉，张幼仪不知道还能不能坚持下来。

朵拉不仅会照顾张幼仪母子的生活，而且成为张幼仪在德国最好的朋友。张幼仪是个很内敛的人，她很少会有机会跟别人倾诉自己的心声，在遭受了这么多的打击以后，她的内心可想而知是非常苦楚的，朵拉是个温和的听众，她不仅倾听张幼仪的诉说，还会安慰和鼓励她。

在德国，徐家的二百美元可以让张幼仪和儿子以及朵拉生活得很好，但为了以后长久打算，张幼仪决定自己要学点什么，好实现自己一心向学的夙愿。朵拉帮忙为张幼仪联系了一位德文老师，张幼仪每天都跟着老师学习德语，几个月下来，虽然拼写还不是很流畅，但是说读能力已经能应付大多数的日常交流了。朵拉又为她申请了一个学校，在申请之前，她们俩做了一番研究。虽然密集地补习了几个月的德文，但张幼仪的德文底子很薄弱，如果课程太高深了，她就没有办法听懂上课的内容。在众多可供选择的学院之间，她对裴斯塔洛奇学院产生了兴趣，这是由瑞士教育家裴斯塔洛奇所创办的师范类学院。这让她想起自己曾经在苏州女校学习的经历，如果不是因为要嫁给徐志摩，不是那场毫无意义的婚姻，她还有一年半就能在那个学校拿到教师资格证书，如今也许已经是一名教师了。

针对张幼仪目前的德文水平，选择幼儿教育专科比较适合，这个专业对语言并没有过多的要求，最主要是培养和引导幼儿养成好习惯以及智力开发。而张幼仪有个儿子在身边，正好可以运用到自己儿子的教育上去，这样的学习真的再合适不过了。

在朵拉的帮助下，张幼仪成功地申请到了裴斯塔洛奇学院的学习的机会。张幼仪第一天去上学的时候，她想起自己曾经费尽周章想进苏州女子师范学校的情景，那个时候的她，只能顺从父母的意思行事，毫无自主的能力，以致她一直到站在学校大门口的时候，才确定她不是做了一场梦，是真的可以上学了。而这次就不同了，她有能力决定自己要做什么，她不用再担心会有什么突然的事情再打乱她的生活了。

裴斯塔洛奇学院的幼儿老师班里，大概有五十几个女生，刚开始融入她们的时候，张幼仪在心里考虑着，要不要隐瞒自己的实际情况，因为在中国，她这样离婚带一个小孩的人，会是大家议论的中心。后来，她还是决定不必隐瞒自己离婚的实际情况，因为她要和同学们在一起相处很长一段时间，她不想生活在谎言里，而且一个谎言总是会牵扯出更多的谎言来掩饰，她不想有心理压力，希望活得轻松点。

让张幼仪很感动的是，当大家知道了张幼仪的个人情况时，知道她离婚了还带着一个幼小的孩子，她们反而对她更关心了，她们都是一些善良的女孩子，大多数都没有结婚，她们觉得张幼仪很坚强也很不容易，所以在每天的下午茶时间，大家都喜欢围拢到张幼仪的身边，友善地和她聊天，说一些有趣的话题，让张幼仪和她们在一起的时候非常轻松快乐。

西方教育和中国传统教育，有着非常显著的区别。中国的传统教育是为了应付科举考试，所以所有的学习都是围绕着既定的科目，从很小的孩子开始，学子们就要学会死记硬背。裴斯塔洛奇是一位教育改革家，他的教育理念是要突出孩子的个性，他希望每个孩子的个性都应该受到尊重。教育需要以老师的爱心和理解为基础，来对孩子进行引导和训练，不能强硬地给孩子灌输大人的思想，要让他们通过自己的感知，来认识这个世界并学习知识。然后再根据学生本身的经验和观察，发现他们的特点，老师们再加以适当的指导，这才是科学的教育。

在这些学生当中，也许张幼仪最能理解裴斯塔洛奇的教育观点，因为她自己有切身的体会。张幼仪依然记得自己的兄弟们在老师的教导下，每天朗朗的读书声，穿过开满荷花的船屋，一直传到厨房忙碌的张幼仪的耳朵里。哥哥们每天早晨跪在父亲的窗前，要背一炷香时间的书。这些是传统的中国式教育方法，虽然学生们也能出成就，但是缺乏开创性的思维。中国的教育者也意识到这个问题，所以，在张幼仪那个年代，中国已经有很多西式的学堂。有条件的人家，都会把从小接受传统教育的孩子，在最适当的年龄送到西式学堂接受教育，或者是直接送到西方留学。

因为能理解，所以张幼仪学得格外认真。幼儿教师所必须具备的手工课，更是张幼仪拿手的强项。在张幼仪的成长历程中，父亲将家庭从张家大宅搬出来，是一个重要的转折点，初到南翔，家里没有能力再请那么多的佣人，张幼仪姐妹便承担起了一部分家务，她们在那个时候就学会自己做饭，做一些简单的针线活。张幼仪嫁到徐家后，徐家虽然很有钱，但是在老祖母的带领下，一家人勤俭持家，张幼仪作为孝顺懂事的媳妇，虽然不需要做什么粗活，那些女红针线什么的，她是每天都要做的，所以手特别的灵巧。所有经历的都不会浪费，果然，在裴斯塔洛奇学院的幼儿老师培训班，张幼仪的表现尤其出色。那双捏过绣花针的手，用来剪纸或者是做一些简单的幼儿玩具，简直毫不费力。而欧洲的那些女孩子，以前从来没有受过这方面的训练，所以就显得比较生涩笨拙。张幼仪也经常会耐心地指导她们。甚至有次因为她们的老师临时有事出去，便让张幼仪代替她来教同学们用火柴盒做成一个房子的模型。

张幼仪每天沉浸在学习的快乐中，他的儿子就完全由朵拉照料。 因为这个儿子是在德国生的，所以张幼仪给他取了一个很德国化的名字“彼得”。朵拉非常爱彼得，视如己出。虽然彼得骨子里是流淌着中国人血液的小孩，但因为他自小就出生在德国，所以朵拉和张幼仪就把他当作德国小孩子来养，他就像一个真正的德国小孩一样，说德文，吃德国菜。朵拉比张幼仪和彼得在一起的时间更多，她每天除了去买菜的时间外，每时每刻都和彼得在一起，带着他去公园散步，陪他玩耍，见证着彼得一点点的成长。

每天下午张幼仪从学校回来后，朵拉会很开心地和张幼仪分享彼得今天的表现，彼得做的每一件事，对朵拉来说都非常有趣，比如他会对人笑，或者是对着猴子打喷嚏。她对待孩子非常有耐心，总是不厌其烦地对彼得说她很爱他，不管孩子能不能理解，她坚持每天都要表达她的感情。

这让张幼仪又想到中国的小孩，就说她自己，父母从来不对家里的孩子们说爱。父母亲的责任就是从小用各种规矩来教导她，做对了就不惩罚，做错了就会很严厉的责罚。这让张幼仪养成了凡事谨慎小心的性格，学会了察言观色，丝毫没有自己的个性。外国人教育孩子是努力发现孩子的优点，而中国的父母，是放大孩子的缺点。两相对比，张幼仪觉得，西方的幼儿教育，似乎更人性、更温暖一些。这些都是幼儿教育的学问，都是她要去理解、去学习的，有了自己的亲身经历和对彼得教育的实践机会，她对学业学得更加认真了。

第六章 重生——从痛苦中涅槃

01 朵拉的陪伴

张幼仪只管埋首到学习中去，小家庭的生活，全部交由朵拉来打理。朵拉是个温和的人，而对租住房子，她又是非常讲究，环境不好，或者是房东对张幼仪和彼得有些不够友善的话，她绝对不能容忍。在经历过几次搬家后，他们找到了一个合适的住所。房东是个上了年纪的寡妇，这是一栋有着好几个房间的大房子，每个人都可以有着自由的空间。最让朵拉感到满意的是房子旁边就是一个公园，朵拉可以经常带着彼得去公园散步。

在以前租房子的经历中，他们遭受很多次的挫折，因为张幼仪觉得一个女人带一个孩子租房子会让人觉得很奇怪，所以每次朵拉都找出一些合适的理由，比如编点和张幼仪其他实际情况类似的理由：母亲和孩子在德国，而孩子的父亲在英国求学。又或者干脆就说彼得的父亲死了。每当他们说这样的理由时，房东都会非常担心他们孤儿寡母的会不会交不出房租。而对这个很满意的房子，张幼仪他们直接和房东说，她是离婚了，但是家里非常有钱，供养他们在德国生活和学习，而且为了打消老房东的顾虑，张幼仪总是在月初就把房租交了。房东本来对离婚的单身女人是很不信任的，但是看到张幼仪行事稳重，朵拉也踏实可靠，便不再说什么，他们三个女人一个孩子住在一栋大房子里相安无事。

在德国，朵拉是张幼仪最好的朋友，也是她的依靠。因为朵拉是二哥介绍给张幼仪的，所以她对朵拉很信任。虽然她对朵拉四十多岁依然单身的状况很好奇，但是出于对别人隐私的尊重，她从来没有过问朵拉这些个人私密的问题。每个人都有自己不得已的苦衷，何况在德国，单身女人也有不少，她们和中国女人不一样，并不以结婚为一生最重要的事业。

不过，一次偶然的机会，朵拉和张幼仪说到了自己的事情。朵拉在年轻的时候有个青梅竹马的爱人，后来为了生活，那个恋人去了异乡做生意。朵拉信守诺言，在痴痴的等待中耗尽了红颜。直到她错过了女人最好的年纪，才辗转得知，她等待的那个人，已经在异乡有了家室，并且生活得很幸福。

在中国这样的例子也是屡见不鲜，张幼仪不禁为朵拉感到一阵心酸。不幸的人都有自己的故事。她和朵拉都是不幸的女子，好在朵拉记忆里还能留住一些往日的温情，而在自己的那场婚姻中，则是被伤害得体无完肤。

张幼仪在德国的生活很简单，除了在学校和同学们接触，就是整天在家里和彼得、朵拉在一起，很少和社会上的人接触。在德国也有很多中国人，他们在这里留学或者是工作。曾经有一段时间，在德国的留学生中，有的人知道张幼仪的情况，知道张幼仪因为和徐志摩的离婚，成为“中国第一对离婚的夫妻”，所以也被当作新潮的人，经常被邀请参加他们的活动。她感觉到那个群体的人对她和徐志摩离婚的事情表现出极大的兴趣，每次认识一个陌生的中国人，那个人总是带着惊讶的表情问道：“你就是张幼仪啊？”仿佛他们感兴趣的只是这个话题中心的人物，而不是张幼仪本身。

张幼仪和他们在一起无论是听歌剧还是出去郊游，听着他们侃侃而谈，从文学到政治，而张幼仪根本就插不上什么话，因为她对这些既不懂，又不感兴趣，从他们身上，张幼仪看到一些徐志摩的影子，刻意的西化，做作的谈吐，和他们在一起张幼仪觉得很别扭。后来她渐渐就不大和他们往来，闲暇时间，在家里安静地读书，陪伴彼得。

因为前途还不明朗，张幼仪并不知道自己学业完成以后到底会有什么打算。现在，因为要抚养徐家的子孙，所以徐家出钱供养他们在德国的生活。如果是回国内的话，自己要靠什么生活呢？是把孩子送回徐家去吗，还是把阿欢也接出来一起养着？如果那样的话，徐家会不会同意呢？很多的问题，她根本就不知道会朝着什么方向发展。所以她一点都不敢懈怠，努力地提升自己，要做一个独立的女性。

在德国的那些日子里，张幼仪在不知不觉中已经有了很大的变化。张幼仪的心理已经被生活磨炼得非常成熟，连眼神也和以前不一样了，以前遇到任何事情都是迷茫的表情，而现在，眼神越来越坚定。再不是那个毫无主见，只听从别人安排的弱女子了。

她成熟的魅力，被越来越多的人欣赏和尊重。那些在德国的中国人当中，有个叫卢家仁的，对张幼仪特别的关心。他是在中国人的聚会上认识张幼仪的，后来张幼仪脱离了那个留学生群体后，他还是会来看望张幼仪，一个星期要来好几次。卢家仁一般会在下午时分来到张幼仪的家里，陪张幼仪喝喝茶聊聊天，或者是陪彼得玩耍。张幼仪感受到卢家仁的友善，对他渐渐比较信任了。别人来张幼仪家的时候，张幼仪总会让朵拉带彼得在隔壁玩，而卢家仁来，张幼仪会让彼得也在会客厅，和卢家仁一起玩。

一个安静的午后，彼得在一旁玩耍，张幼仪和卢家仁正在喝茶闲聊。卢家仁停顿了一会儿，忽然用一种非常温柔的语气对张幼仪说：“你打不打算再结婚呢？”

这一句话，让张幼仪愣住了，一时不知道如何回答。

虽然自己才二十三岁，正是一个女人青春年华的好时期，她还有漫长的大半生要过，如果能有个合得来的人陪伴，那是非常理想的。但目前她却不能那么做。她想到她刚和徐志摩离婚的时候，四哥知晓此事，立刻写了一封信给张幼仪，告诉她起码在未来五年内，不要和某个男人产生绯闻，否则，她和徐志摩的离异，人们会全部怪罪到她的头上，本来在婚姻里，女人就处于被动局面，被休了，肯定是女人有错。

再一眼看到身旁玩耍的彼得，她想到了硖石的儿子阿欢，从小就被婆婆照顾，而自己离开家已经几年了，连面都没有见到，根本没有尽到一个做母亲的责任。这样的情况下，她是无论如何也不可能再嫁入别人家。

张幼仪沉默良久，她回避卢家仁灼热的目光，低头看着自己手里的茶杯，轻声地回答说自己没有再婚的打算。随着一阵难堪的沉默，她知道卢家仁很失望，过了一小会儿，卢家仁就走了。卢家仁走了以后，张幼仪认真地捋了一下他们认识以来的点点滴滴，难道卢家仁每次来到自己的家里并不是为看望彼得，而只是为了表示对自己的好感吗？难道他这样就算是“自由恋爱”吗？在张幼仪的生命中，从没有经历过爱情。她总是被徐志摩不断地嫌弃，让她根本就没有自信，她无法相信有人会喜欢她。

让张幼仪不能理解的是，自从她拒绝了卢家仁后，卢家仁就再也没有来看望过她。张幼仪觉得自己并没有任何的暗示鼓励卢家仁追求自己，而且卢家仁如果真的对她有好感的话，为什么一点挫折都不能承受。难道他也是像那些留学生那样，只是因为张幼仪是徐志摩的前妻，而想和自己交往以出风头罢了。

张幼仪的公婆虽然对徐志摩和张幼仪离婚一事非常痛心，但是在他们无法触及的地方，离婚已成事实。他们感念张幼仪在徐家的勤勉与孝顺，虽然不能再做儿媳，他们决定要收她做干女儿，毕竟她为徐家还生了两个孙子。徐家依然每月都寄钱给张幼仪，在给张幼仪的信中，婆婆总是要张幼仪回来，好像从来没有发生过离婚那样的事情。张幼仪内心十分感谢徐家二老对自己的爱护，可是就算她回去，她也不会回到硖石徐家了，那里已经不是她的家。她和徐志摩已经离婚了。她和婆婆说了这样的想法，婆婆总是说，她还是阿欢的母亲，再说他们认她做了干女儿，徐家依然是她的家。她能体谅老人的好意，也知道徐家二老是真心的疼她，毕竟，她这个媳妇无论从哪个方面，都无可挑剔，是让徐家二老满意的媳妇。她只能从心里感谢徐家二老的好意，她无论如何不会再回硖石徐家，用她自己的话说，那会让她感到别扭。

自从离婚后，她从来没有想过要跟徐志摩联系，而徐志摩似乎也忘记了在国外他还有个儿子，也从来没有来信问过彼得的情况。她只从徐家二老的来信里，知道一些徐志摩的近况。徐志摩成功做了“中国离婚第一人”，但是这个行为并没有赢得他要的爱情。

林徽因的骤然转身让徐志摩措手不及，但是他无法责怪她，因为林徽因从来没有给过他任何的承诺。徐志摩万般落寞，却没有理由立刻追回中国。他游走在剑桥的每一个角落，回想着他和林徽因的点点滴滴。造化弄人，他加诸张幼仪身上的痛苦，老天公平地还报给他，徐志摩也感受到了被人抛弃的痛苦。这段时间，他写了大量的诗篇，成为著名的诗人。他离开英国前，写的那首著名的《康桥再会吧》，写尽了柔波金柳下的离愁别绪，读来让人感觉有着薄雾般的惆怅。

假设我星明有福，素愿竟酬，
则来春花香时节，当复西航，
重来此地，再捡起诗针诗线，
绣我理想生命的鲜花，实现
年来梦境缠绕的销魂踪迹，
散香柔韵节，增媚河上风流。

1922 年 10 月，徐志摩束装回国，回到阔别思念的故乡。

此时他已经才名远播，成为了中国炙手可热的大诗人。虽然林徽因已经成了梁思成的未婚妻，徐志摩对她还是念念不忘。为了能接近林徽因，他甚至和梁思成、林徽因都做起了朋友，还是希望能在不远不近的地方，能目睹佳人的倩影。

由于两人在英国的一段轰轰烈烈的恋情颇让梁思成忌惮，所以，徐志摩没有正当理由接触到林徽因，直到 1923 年的 4 月，泰戈尔收到梁启超和林长民的邀请来中国讲学，徐志摩、林徽因成为泰戈尔的翻译，终于再次有机会相处一些日子。徐志摩和林徽因总是陪伴在泰戈尔左右，报纸上形容他们三个是“岁寒三友”,林徽因是娇媚馨香的“梅”,徐志摩是俊逸挺拔的“竹”,泰戈尔则是苍翠虬劲的“松”。一时间，北京的文艺界又掀起了一阵议论，人们纷纷称赞徐志摩风流倜傥，林徽因貌美如花，典型的才子配佳人。这些话林徽因不理会,而徐志摩却听入了耳。那些埋藏的情愫忽然又发出了芽，徐志摩不禁又向林徽因倾诉了感情，而这次林徽因没有丝毫的犹豫，为了切断徐志摩的念想，她直接告诉徐志摩，她将要同梁思成去美国，一同留学深造,以后想要再见面,也是很难。林徽因又是毫无羁绊地转了身，那场情爱，终究又只剩下徐志摩一个人。

当徐志摩在求而不得的痛苦中辗转反侧的时候，张幼仪已经在德国渐渐站定了自己的脚跟。在德国的三年是张幼仪成长蜕变的关键三年，而这成长，是从巨大的痛苦中历练而来，这痛苦不仅因为那场无果的婚姻，还有夭折的幼子，经历过这一切，她一无所惧。

02 - 天使彼得

对于长子阿欢，张幼仪经常感到愧欠。他刚出生时，由于张幼仪太年轻，徐家对这个长孙又太爱护，婆婆不放心给张幼仪单独照看，总是由婆婆或者是奶娘照顾。而当阿欢三岁时，张幼仪就追随徐志摩去了欧洲。尽管是身不由己，张幼仪还是觉得没能尽到一个母亲应该尽的义务。她就把自己全部的爱，都给了二儿子彼得。

彼得是个很漂亮的孩子，大大的眼睛清澈明亮，白净的皮肤，柔软黑亮的头发，非常惹人喜爱。在彼得充满童真的眼睛里，看到的都是善良美好的人，不仅母亲和朵拉给了他全部的爱，连隔壁的邻居，不相识的路人，都十分喜爱这个可爱的中国小男孩。每当朵拉带着彼得在公园散步的时候，总有人停下来，和彼得愉快地打个招呼。

彼得和所有小小的孩子一样，睁着一双大大的好奇的眼睛，探寻这个世界的每一分奇妙。他对声音格外敏感，他喜欢听各式各样的音乐。他们家的附近，有位邻居是钢琴家，经常下午会在家练琴。朵拉和彼得喜欢在钢琴家的屋外静静地聆听。每天张幼仪回到家的时候，朵拉和小彼得也差不多到家了，要是哪一天朵拉和彼得回来得晚了，张幼仪就知道，他们一定在钢琴家的门外又听入迷了。不过，彼得却非常不喜欢那种高亢的京剧，每当张幼仪按照自己的喜好在留声机上放京剧时，彼得就会双手捂住耳朵表示抗议；而当朵拉播放贝多芬或者是瓦格纳的音乐时，他立刻聚精会神地听了起来，并且会根据音乐的强弱节奏，挥舞着两只小手。

张幼仪根据在裴斯塔洛奇学院幼儿老师培训班里学到的知识，在教育彼得的时候加以运用。她学会了尊重孩子的个性，既然他喜欢音乐，张幼仪就开始培养孩子在音乐上的天赋。她给彼得买了一把小提琴，回来的时候已经是晚上了，张幼仪和朵拉以为彼得已经睡下，她们怕彼得看到新琴会兴奋得影响晚上的睡眠，便悄悄地把琴放在他的床边，谁知道彼得迷迷糊糊地听到动静，知道自己得到了一把琴。他却偏不作声，等到张幼仪和朵拉离开了房间后，才偷偷地爬起来，竟然悄悄地拉起了琴来。声音惊动了张幼仪，她赶紧过来哄彼得睡觉，彼得就乖乖的把琴抱进被窝里，欢喜地一道睡觉。张幼仪还给这个小小的孩童买了一根真正的指挥棒，让他在留声机的音乐响起时随意地挥舞。

彼得在张幼仪和朵拉的关心和爱护下快乐地生活着，他是个早慧的孩子，一岁左右就已经学会用德语发音，说一些简单的词语。朵拉随便指着屋子的一件东西，彼得会用稚嫩的声音说出那个物品的名字。张幼仪看着彼得一天天地成长，心里感到十分的欣慰。

谁也没有料到，一场灾难降临在了可爱的彼得头上。

中国的习惯，孩子一定要喝母乳，哪怕不是自己亲生母亲哺乳，也是会有奶娘。张幼仪自己就是从小一直喝到六岁，身体一直很强壮，很少生病。对于彼得的喂养，张幼仪开始也曾犹豫过，毕竟中国的习惯是喝母乳，可是自己每天要上学，没有时间哺乳。朵拉告诉张幼仪日耳曼民族的孩子从小都是喝牛奶长大，身体都非常棒，既然彼得是在德国生长，那么生活习惯就应该完全和德国孩子一样，于是彼得从小是用牛奶喂养的。却没有料到，彼得最终因为喝牛奶而生病。

彼得到了一岁左右，经常会腹泻，开始朵拉以为是食物不洁净导致的，她于是在为彼得准备饮食的时候，格外的小心。可是彼得腹泻的症状没有得到任何的缓解，并且开始伴随呼吸困难。张幼仪和朵拉不敢忽视彼得的病情，赶紧去医院诊治。朵拉找到了柏林儿科最著名的海斯医生，可是海斯医生没有检查出彼得到底是什么原因导致的腹泻和呼吸困难。

张幼仪见医生查不出病情，心想也许这并不是太严重的毛病，随着孩子的成长，自身抵抗力的增强，这个毛病也许自然就会好了。可是，事实没有张幼仪想的那么乐观，彼得的症状一直没有缓解，甚至有加重的趋势。张幼仪和朵拉再一次带着彼得来到医院，海斯医生联合几位大夫一起，在给彼得做了最细致的检查后，得出的结论是彼得的小肠里发现有一条寄生虫，而且这个虫子存活的位置非常特殊，在肠子和腹壁的中间，以他们当时的医疗水平，根本没有办法将虫子取出来。

医生的诊断让张幼仪无法接受，可爱的小彼得怎么会得了这么可怕的怪病，她恳求医生救救她的彼得。海斯医生告诉张幼仪，通常这种寄生虫，是因为食用不新鲜的牛奶所致。目前德国的医疗水平无法治疗这样的病症，但是瑞士有家医院曾经有过这样的病例，如果条件允许，可以去瑞士的医院治疗，不过费用相当昂贵，也不是百分百有把握能治好。听了医生这一番话，张幼仪不禁十分自责，她想是因为自己没有用母乳喂养，彼得才会得了这样的病症。张幼仪心疼彼得是个可怜的孩子，当他还在肚子里时就是个不受欢迎的孩子，他的父亲要杀死他。自己千辛万苦才将他生下来，为了他，自己还去学习了幼儿教育，是想好好地按照西方的习惯去教育彼得，可是，老天爷这么残忍，怎么会让这么幼小的孩子遭受这样的痛苦？

忍住满心的伤痛，张幼仪开始为彼得的治疗想办法。由于自己没有经济能力带彼得去瑞士治疗和生活，这点必须要求助硖石的徐家，毕竟彼得是他们的孙子，有了这么大的事情，她必须要和公婆商量一下。于是她立刻写信给公婆，将彼得的病情以及医生的建议告诉了公婆，请他们给自己拿个主意。在焦急的等待中，张幼仪等到了一个让她绝望的消息，徐家二老回信说，他们没有足够的钱送彼得去瑞士治疗。面对这样的回答，张幼仪怎么也不能心甘，虽然她并不过问徐家的财产，但是她知道，徐家在硖石是首富，在上海都算上一个响当当的大富商，怎么会负担不了彼得的医疗费呢？难道是徐家在军阀混战的糟糕状态中蒙受了重大经济损失吗？还是他们因为从来没有见过彼得，没有亲情的维系，所以让他们不愿意拿出大笔的钱来救治彼得？

张幼仪欲哭无泪，她无法去责怪公婆的做法，因为毕竟她已经不是徐家的儿媳妇。看着发病时痛苦万分的彼得，张幼仪的心都要碎了，如果可能，她宁愿自己代替彼得遭这份罪。没有任何办法，她只能日日祈祷，希望老天能保佑彼得，让他不要那么痛苦。而现实是无情的，彼得的病情越来越严重，发作时间间隔的也越来越短。到了 1924 年的冬天，无论白天还是夜晚彼得都无法入睡，他一躺下就不能呼吸。在彼得犯病的时候，张幼仪总是会打开留声机，播放彼得最爱听的音乐，刚开始，音乐还能转移彼得的注意力，让他暂时忘记病痛。到后来，音乐已经完全无法影响到彼得了，他仍旧无休止地哭闹着。

那段时间，张幼仪和朵拉被彼得的病情折磨得精神都快要崩溃了。徒劳地每天每夜将音乐放着，希望能缓解彼得的痛苦，哪怕是起到一点点作用，也是好的。到了第二年的春天，彼得已经无法进食了，起先是无法消化肉类食品，接着面包也吃不下了，到了后来竟连流质也无法吃进去了。身体被病魔折磨的变了形，肚子肿胀得可怕，而身体别的部位瘦弱细小。

1925 年 3 月中旬的一天，张幼仪好不容易把彼得哄睡了，自己也昏昏沉沉地睡了一会。迷迷糊糊中，忽然一声尖利的叫声把张幼仪惊醒了，她以为彼得做噩梦了，赶紧冲到彼得的房间，发现彼得大睁着眼睛，脸都疼得扭曲了，揪着自己的肚皮，连声地跟张幼仪喊疼。张幼仪和朵拉赶紧把彼得送到儿童医院，还是由海斯医生来照看彼得。

张幼仪心虽然不敢往坏处想，但让她无法承受的事实，还是摆在了她的面前。1925 年 3 月 19 日，小彼得永远地闭上了眼睛，仁慈的天父不忍彼得继续遭受折磨，将彼得带走了。彼得死去的时候，距离他三岁生日还有一个月。

这个原本欢乐温馨的小家庭，因为彼得的离去，陷入了一片死寂。张幼仪和朵拉，这两个视彼得为生命的女人，沉浸在巨大的悲痛中。张幼仪根本无心去做任何事情，她将彼得的衣物、玩具收拾出来，一件件地整理，脑海里满是彼得的音容笑貌，他睁着忽闪忽闪的大眼睛，稚嫩的声音叫着“妈妈、妈妈”。每每想到这些，痛苦啃噬着张幼仪的心，一生很少哭泣的张幼仪，因为彼得的离世，不知流了多少泪水。

无论张幼仪怎么难以接受，彼得再也回不来了。她按照西方的习惯将彼得火化，以后若是回国，她能把彼得的骨灰带在身边，不忍心将他一个人留在异国冰冷的墓地。可怜的孩子虽然是中国人，可是他从来没有看到中国是什么样子。

张幼仪为彼得举行了一个很小的丧礼，没有通知什么人，她和朵拉想安安静静地和彼得告别。可是丧礼现场来了三十多人，张幼仪的同学和一些邻居，二哥的一些朋友，甚至一些在公园里经常见到彼得的几位女士，还有卢家仁，大家都自发的前来悼念这位可爱的黑头发大眼睛的中国小男孩，张幼仪不知道这些人是如何得知彼得去世的消息的。

在朵拉和张幼仪之间，朵拉和彼得相处的时间更多。白天张幼仪去上课，一直到下午回来，朵拉则整天和彼得在一起，因此在感情上也特别亲近。虽然她从海斯医生那里早就知道彼得的病会使他早夭，但是当这一天真的来临的时候，她还是无法接受，整天生活在忧郁的情绪中。自从彼得走了以后，朵拉仿佛丢掉了灵魂，整日恍恍惚惚，茶饭不思，人们再也看不到朵拉的身影，她整天待在家里，看着彼得的遗物，伤心欲绝。当着张幼仪的面，她还不能表现得过于悲痛，害怕引起张幼仪的悲伤。夜深人静的时候，张幼仪在辗转难眠中，总是听到朵拉埋在枕头里压抑的哭泣声。

彼得离世后，张幼仪从柏林转到汉堡，去继续完成下一学年的学业。没有了彼得，张幼仪也不需要朵拉和她在一起了，于是朵拉回到了她维也纳的娘家。自从她回去以后，虽然知道朵拉的地址，张幼仪却没有主动和她联系过。因为她们之间总归是要提及彼得，那是不能再被提起的伤心。还有一个原因是张幼仪虽然德语很流利，但是她的德文写作很费劲，无法完整表达自己的意思。朵拉曾寄过一封信给张幼仪，里面有一张照片，照片里并没有朵拉的身影，而是朵拉房间书桌的一角，起先张幼仪还不明白朵拉为什么要寄拍这么一张照片给她，后来才注意到，在朵拉书案上方的墙上，悬挂着彼得的大幅照片，朵拉告诉张幼仪她每天都会看着彼得的照片思念他，可见朵拉是多么的爱彼得。失去了彼得，她再也没有快乐过。

张幼仪回国多年后，一次听二哥说到过朵拉的情况。朵拉自从回到娘家后，沉浸在悲伤中无法自拔，身体健康状况急剧下降，以致染上了肺炎，一直没有痊愈。没有几年，朵拉郁郁而终。

失去了彼得，张幼仪一下成熟了很多，她明白了人是弱小的，面对突如其来的变故，人们几乎毫无办法。她对很多事情看得很通透，包括对徐志摩曾经的恨意。

张幼仪在彼得快要不行的时候，寄信告诉过徐家的二老，请他们原谅自己没有照顾好他们的孙子。徐家二老收到信以后，心疼自己那个从来也没有见过面的孙子，更心疼张幼仪。他们觉得非常对不起张幼仪，让她承受了这么多的苦难。看到张幼仪在信里的语气非常的绝望，他们担心张幼仪会不会做什么傻事，就赶紧让徐志摩来到德国，安慰并陪伴张幼仪。

徐志摩到的时候，正好是彼得死去的第七天。张幼仪根本没有料到徐志摩会来。因为自从他们离婚后，徐志摩从来没有来过信问问彼得的情况，或者是来看看彼得，他的心里根本就没有彼得的位置。虽然徐志摩是彼得的父亲，但是他对这个孩子并没有关心过。

徐志摩的状态看起来不错，那个时候他在中国的名气已经非常大了，出版了自己的诗集《志摩的诗》。作为新诗领袖人物，他的散文和诗蕴含着西方的韵律和主题，得到文学界一致的好评。他依旧是浪漫的才子。而张幼仪刚刚经历了丧子之痛，形容憔悴，虚弱得几乎说话的力气也没有。

张幼仪领着徐志摩去了殡仪馆，彼得的骨灰存放在那里。徐志摩第一次见彼得时，是刚刚摆脱了他的婚姻，心情十分愉快地看到过婴儿时候的彼得。而这次，他见到的只是彼得的遗像了。虽然徐志摩对这个三岁就夭折的儿子从没有产生过感情，但也许是天性里血脉的那一丝相连，他抱着彼得冰冷的骨灰坛子不禁掉下了眼泪。张幼仪这一刻心里特别酸楚的是，彼得在世的时候，从来没有享受过父爱，他的生活里只有张幼仪和朵拉。一个孩子从来没有得到父亲的爱，那是多么遗憾的一件事情啊。张幼仪一阵懊悔，如果她知道徐志摩会来，她一定会迟几天火化，好让徐志摩再最后看一眼彼得。徐志摩的泪水是一份慰藉，让彼得的灵魂也不至于永远缺失父爱。

才华横溢的徐志摩为彼得写了一篇纪念性散文，作为对自己没有尽到父亲责任的忏悔：

> 你的父亲，觉着心里有一个尖锐的刺痛，这才初次明白曾经有一点血肉从我自己的生命里分出，这才觉着父性的爱像泉眼似的在性灵里汩汩的流出；只可惜是迟了，这慈爱的甘液不能救活已经萎折了的鲜花，只能在他纪念日的周遭永远无声的流转。
>
> 彼得，可爱的小彼得……我的话你是永远听不着了，但

是我想借这悼念的机会，稍稍疏泄我的积愫。

徐志摩在给彼得的悼文里，还提到了张幼仪：

> 在这不自然的世界上，与我境遇相似或更不如的当不在少数，因此我想说的话或许还有人听，或竟许有人同情。就是你妈，彼得，她也何尝有一天接近过快乐与幸福，但她在她同样不幸的境遇中证明她的智断，她的忍耐，尤其是她的勇敢与胆量；所以至少她，我敢相信，可以懂得我话里意味的深浅，也只有她，我敢说，最有资格指证或相诠释——在她有机会时——我的情感的真际。

他的话语里似乎对张幼仪也有着一丝歉意。此时的徐志摩心里，对张幼仪的看法有了一个很大的转变，甚至开始欣赏起了张幼仪。想当初，接受了西方自由思想的徐志摩抗拒那段婚姻，他反抗的是那种包办婚姻的制度，而张幼仪偏偏是那个不幸的牺牲者。

实际上，徐志摩从来没有试图去了解张幼仪。在已经没有和张幼仪的婚姻羁绊后，他才可以把张幼仪当作一个独立的个体来看待，他看到了张幼仪坚韧果敢的一面，一个女人带着幼小的孩子独自在异国求学，已经是非常的不容易了，而偏偏让张幼仪又遭遇了丧子之痛。

03 - 获得重生

经历过生死，张幼仪将一切都看淡了，任何的恩怨在死亡面前都是那么的渺小。她放下了对徐志摩的恨，甚至答应了他的提议，一道去意大利做一次短途的旅行。如今的张幼仪再不是那个在沙世顿小屋里等待着徐志摩垂怜的可怜妇人。她答应和徐志摩一道出行，并不是还对徐志摩有着什么期望，而是想缓解一下自己的紧张和忧伤。

离婚后，张幼仪来到了德国，在德国生下了彼得。从彼得在张幼仪的肚子里孕育开始，一直到他三岁，整整四年时间，张幼仪的生活里只有彼得。经历了那么多的磨难，彼得是她生命里最好的安慰，是她在德国生活下去的勇气。随着彼得的离世，这种平衡骤然被打破，张幼仪一时不知道自己以后该如何面对生活。这个时候来场旅行也许是最合适的。

为了避免和张幼仪在旅途中相对无言的尴尬，徐志摩约了泰勒姐妹一道出行，泰勒姐妹是徐志摩在英国的朋友。在意大利旅游期间，徐志摩经常是一个人一大早就出去闲逛，也不和张幼仪、泰勒姐妹一道，张幼仪总是和泰勒姐妹待在一起，幸好她们也还会点简单的法语，可以和张幼仪进行简单的沟通。

徐志摩是个从来不会掩饰自己情绪的人，从他每天早餐时等待当日信件的表情，张幼仪发现了曾经熟悉的那种焦虑。那种神色就跟在沙世顿等待林徽因来信的时候一样，张幼仪猜测，徐志摩又陷入了一段不寻常的恋爱。

浪漫的诗人怎么能少得了惊世的爱情？林徽因是那一轮天上的明月，纵然曾经照亮徐志摩的生命，但是，终归是康河的一片光影，是徐志摩不能触及的梦想，是一个美丽的遗憾。一时间让徐志摩沉浸在失恋的悲伤情绪里不可自拔。一天，几位友人约了徐志摩去舞场，邂逅了被誉为“京城一道亮丽的风景”的陆小曼。陆小曼出身于政府官员家庭，从小就被当作淑女来培养，琴棋书画，皆颇有造诣，更兼精通英语、法语。显赫的背景，如花的容颜，一时成为男人心中的梦想。所有的社交场合，大家都以能请到陆小曼为荣，反之这场聚会则黯然失色。陆小曼，成了名动京城的交际花。徐志摩形容，“她的一双眼睛会说话，晴光里漾起，心泉的甜蜜。”陆小曼的惊鸿一瞥让徐志摩乱了方寸。徐志摩很快和陆小曼夫妇成了朋友。

陆小曼遵从父母之命嫁给了警界青年才俊王赓，王赓也是一个不同寻常的英俊挺拔的男子，毕业于普林斯顿大学和西点军校的高材生，能说流利的多国语言。婚后陆小曼才发现她与王庚性情不合，从小娇生惯养的陆小曼是个敢为了自己内心而活的人，她不喜欢王庚的的硬汉之英武，不能如她希望的那样给她柔情蜜意，所以夫妻感情不合。当王庚离开北京去哈尔滨任警察厅厅长时，陆小曼执意不肯与之同行。王庚不舍得勉强自己的娇妻，于是委托他们的好友徐志摩照顾陆小曼。而让王庚万万没有想到的是，徐志摩这一照料，就生出了民国最有争议的爱情，爱情里的两人，被世人所诟病，却爱得那么坚定，甚至以性命相拼。

在日常接触中，两人各自有着自己的苦楚，徐志摩流连在康河的柔情里，终日郁郁寡欢；而陆小曼，对于自己的婚姻，亦是有着万般的不满意，同是天涯沦落人，他们有了共同的话题，内心越发走得近了。徐志摩和陆小曼是在共同出演一部慈善话剧《春香闹学》时种下了情根，徐志摩饰演老学究，陆小曼饰演俏丫鬟。经过多次的排练，在演出的过程中，他们已经生出了情愫，话剧结束后，两人的爱已经难以割舍。他们的爱情惊世骇俗。本来徐志摩在国外抛弃张幼仪及幼子，已经让人对他颇有看法，如今又将好友托付照顾的爱妻，照顾成自己的恋人，更让人不齿。身在哈尔滨的王庚，更是怒不可遏，扬言要枪杀徐志摩。

徐志摩的好友胡适等人，赶紧去信让在欧洲探访泰戈尔的徐志摩不要回来，否则有性命之虞。这就是徐志摩有时间陪同张幼仪游历欧洲的原因。他每日被对陆小曼的思念折磨着，还要担心陆小曼的安危。他知道，徐小曼在国内承受的压力比他大很多：每天经受着母亲的劝阻、丈夫的吵闹和世人的睥睨。这一切来得太凶猛，以致突发心脏病住进了医院。

也许是陆小曼的住院，让王庚有了放手之意。他是爱着陆小曼的。这位儒雅的武夫，选择了成全陆小曼的幸福。他说“我是爱陆小曼的，既然她认为和我离开后能觅得更充分的幸福，那么，我又何乐而不为，又何必耿耿于怀呢？”得到这个消息，胡适写信给徐志摩，告诉他危险已经解除，他可以安全回国了。徐志摩得知王庚同意离婚，心里雀跃欢呼，抬头看着张幼仪，兴奋地说：“太好了，我们现在可以离开了。”这一次，徐志摩在张幼仪身边待了五个月之久，这是徐志摩和张幼仪相处时间最长的一个时期。与其说他是陪伴张幼仪，不如说是他在躲避一场“危险”。徐志摩欢天喜地地离开了。

这一段时间，离开的人太多了，彼得永远地离开了，朵拉也离开了，二哥也完成了德国的学业离开了德国，在最困难的时候陪在身边的七弟也离开了德国。在这一刻，张幼仪真正的只剩下她自己。一种无助感袭来，她好想放弃在德国的学业，因为彼得已经离世，而阿欢已经长大了，错过了最初的黄金教育时间，张幼仪不知道自己学习这些到底有什么意义。

而她想想自己今后的出路，还是决定将裴斯塔洛奇学院的课程完成，因为只有完成了学业，她回国以后，才会有个谋生的技能。如果她半途而废，学无所长地回到国内，会被别人瞧不起，认为她是那种没有本事的人，在国外待了那么多年，还什么都没有学成。

而令张幼仪猝不及防的是，徐家一贯按时邮寄过来的支票，却出现了拖延的情况。根据徐志摩父亲来信内容看，似乎徐志摩和陆小曼的婚姻受到了很大的阻力。陆小曼费劲了力气离了婚，成了自由身，却依然被自己的母亲所阻拦，而在这边又得不到徐家二老的认可。

徐志摩的父母，对于徐志摩这么多年来的任性妄为，早已经怒不可遏，现在又闹出这样一个大笑话，全上海有头有脸的人都知道徐志摩和一个有夫之妇在纠缠，以致人家的丈夫要杀了他。这件事情让徐志摩的父母心力交瘁，甚至有时候忘记了给张幼仪及时邮寄生活费。

他们的疏忽，让张幼仪在德国生活得胆战心惊。她开始担心手头的钱是不是能够支撑到下一次支票到来之前。张幼仪没有收入，全部的时间都用来学习，房租、吃喝、交通费，都需要花钱。在支票不能定时寄来的日子里，她开始学会精打细算地生活。最艰难的一次，由于支票逾期许久都没有收到，张幼仪翻遍了家里的各个角落，只找出了一堆马铃薯，她把那些马铃薯和一些零钱分为十份，她心里暗暗祈祷，希望在十天内，她能收到国内寄来的支票，否则，她真的就要连饭都吃不上了。好在她还没有吃完马铃薯的时候，收到了国内寄来的支票，还有徐志摩父亲希望张幼仪回国的信。徐志摩的父亲在信里说，他们非常不喜欢陆小曼，他们希望张幼仪能回去，只要张幼仪说不同意离婚，哪怕是已经有了离婚文件，他们也绝对不允许陆小曼进门，张幼仪依然是徐家的少奶奶。徐志摩的父母都是很传统的人，在他们的眼里，只有张幼仪那样的女子才是遵守妇道、相夫教子的好媳妇。信里还说到，虽然陆小曼说服了自己的母亲，同意她嫁给徐志摩，但是她要亲口听张幼仪说和徐志摩已经离婚，她不相信别人的话，只相信张幼仪亲口说出来。

这个世界就是这么令人感到啼笑皆非，当初徐志摩坚决要求离婚的时候，急迫的甚至都不给张幼仪禀告自己父母的机会。如今他的再婚，各方面却必须要张幼仪出面不可。

如果张幼仪是个记仇的人，关于徐志摩再婚的事情，她大可不必管，事实上，与她根本也毫不相关，她已经不是徐志摩的妻子。但是，她考虑到徐家在硖石是个有身份的家庭，徐志摩和陆小曼闹出的这些事情，已经让别人在看徐家的笑话了。这个时候，张幼仪如果能及时回去，做个肯定的答复，就能让他们之间的事情平息下来。

张幼仪有感于徐家二老素日对她的关爱，他们要张幼仪此刻出面，也是很尊重张幼仪，依然把她当作家里的一分子，张幼仪不能眼睁睁看着徐家二老遭受外人的说三道四。于是张幼仪决定，回去跟大家说明一下，徐志摩早就是一个自由身，她当初是心甘情愿离的婚，并且，张幼仪自己也是一个独立自主的人了。主意拿定,张幼仪决定回国去。让张幼仪感到温暖的是，得到她要回国的消息，在美洲读书的八弟立刻来到张幼仪身边，要陪姐姐一起回国。张幼仪自己心里也清楚，她和徐志摩离婚虽然已经过去了几年，因为徐志摩和陆小曼闹出的风波，这事情一定在国内被人们重新提起，她不知道自己是不是有足够的勇气应对人们的议论,有着八弟的陪伴,至少自己会有种安全感。

事实证明，张幼仪和徐志摩的离婚确实是人们茶余饭后的谈资。张幼仪回国之际，正是徐志摩和陆小曼恋爱风波闹得最凶的时候，坐在回硖石的火车上，她对面两个女人正在谈论张幼仪。其中一个人说：“张幼仪一定长得很丑，而且思想非常落伍。”另外一个人附和说：“要不然徐志摩干吗离开她？”张幼仪安静地听着她们的谈话。她知道她们说的都不是事实，不过很奇怪地发现自己并没有因为她们的话而感到内心不安，因为她早就不是那个凡事没有主见，只懂得按照家人的意思来行事的小女子了。

在几个孩子的努力下，现在的张家今非昔比，已经发展得非常好了，早已把家从南翔搬到了上海一个大房子里。家里的十二个孩子都已经稳定，每个孩子都有了一份自己的事情，且生活得都很不错。几个哥哥有了家室，没成家的弟弟们都在国外留学，除了最小的妹妹还待字闺中外，其余的姐妹也都有了幸福的家庭。

当孩子们羽翼渐丰，父母就老了。家人都在车站迎接张幼仪的回归，当张幼仪看到被兄妹们簇拥着的父母时，惊觉父母已经苍老得无法一眼认出来。母亲见到张幼仪时泪眼婆娑，作为母亲，她知道张幼仪是个非常孝顺、非常端庄的好女儿，只是命运不济，遭遇了坎坷的婚姻，又在异国失去了爱子。张幼仪并不知道徐志摩早在几年前已经在上海最大的报纸上刊登了离婚启示，她以为一直以来自己隐瞒得很好，至少让父母没有为自己过于担心。但是她从母亲的哭声中，听出了事情并不如她所想，显然家人已经都知道她和徐志摩离婚的事情了。她只能冷静地安慰母亲，她怕再勾起母亲的伤心，刻意避开了离婚这个词，和母亲说一些自己的近况，说自己过得很好，现在很快活。母亲最能理解作为女人的辛苦,她心疼女儿所遭受的一切,看张幼仪那么淡然地笑着劝慰她,她知道女儿一定已经熬过那个最寒冷的时刻,心也稍微放松了一些。

在张幼仪考虑要不要回国的时候,脑海里不停地闪现父亲严厉的甚至是愤怒的样子,因为从小父亲就对她非常严格。在张幼仪十二岁时,不小心使得襁褓里的四妹摔了一跤,被父亲狠狠打了一巴掌,虽然那是她一辈子唯一一次被父亲责打,但是给她的印象特别的深刻,父亲的教导还在耳边回荡,做人一点要谨慎,千万不要让别人说闲话。如今自己落得个离婚又丧子的境况,她甚至不敢回来见父亲。但是现在,站在母亲身后的父亲,脸上完全是担心和惦念,没有一点恼怒的样子,张幼仪心里稍微好过了一点。到了家里,父亲问了很多张幼仪在欧洲生活的情况,却只字不提徐志摩,张幼仪心里明白父亲一定完全知道了她和徐志摩的事情。她很惊讶父亲没有用那种传统的方式对待自己,没有说张幼仪任何的不是,因为父母相信自己的女儿。同时,现在的社会风气也比较开明了,父母也因此更能接受一些他们原先怎么也接受不了的事情。

社会风气确实焕然一新,张幼仪从火车站到家这一路上,她所看到的一切和她五年前离家时候有了天翻地覆的变化。以前的男人们都是长袍马褂,走路略微佝偻着腰。而如今,男人们头发梳得油光发亮，笔挺的西装配着一双擦得锃亮的尖头皮鞋，走起路来精神十足。变化最大的是女士们，记得母亲以前对女人着装的标准是绝对不可以露出脸和手以外的皮肤，而现在的情况是：时髦的小姐们烫着卷发，涂着鲜艳的口红。上身穿着薄薄的白纱衬衫，甚至连里面穿的紧身内衣都看得一清二楚。下身是及膝的短裙，腿上穿着透明的丝袜，足登一双高跟鞋。张幼仪和母亲谈论的时候，母亲也没有显示出什么看不习惯的表情了，毕竟世风已是如此。

张幼仪知道，这是一个变革的时代，不仅是走在街上的青年男男女女，甚至是顽固守旧如父母那般年纪的老人，所有的人，都会受到社会变革的影响。西方思想的渗入，改变了人们的观念，人们不会再用以前的老眼光和道德标准来衡量现在的人和事。

张幼仪眼里的上海有了很大变化，而在人们的眼里，张幼仪的变化也非常的大，绝不是五年前懦弱胆怯的那个深闺妇人了。在国外的几年历练，张幼仪已经从一个家庭妇女，成为一个能说一口流利德语、有着幼儿教师专业资格的新时代的女性。改变的不仅是她的能力，还有她的性格。如今的张幼仪，成为一个自信、洒脱的新式女子，她的眼神安静而坚定，她的仪态端庄且优雅。她一身西式服装不是上海时髦女子的那种轻佻浪漫，而是西方女子干练简洁的硬朗风格。她是张幼仪，但不是五年前的那个整天被别人掌握着思想和行动的张幼仪。她已经有了自己的目标，完全能把握自己以后的生活，她即将要登上人生最绚烂的舞台，为自己的命运谱写一首华美的乐章。

04 - 心胸豁达的女子

在娘家待了两天，和家人尽量说说在欧洲的各种经历，也尽量避免提到那些让人感到伤心的事情，特别是她和徐志摩的婚姻。但她这边可以不提徐志摩，徐家却不得不把这个事情当作目前最大的事情来看待。在得知张幼仪已经回上海的消息后，徐家二老和徐志摩赶紧也来到上海，租住在一个旅馆里等待张幼仪的到来。

当张幼仪还在从欧洲回来的路上时，徐志摩已经着急万分，他希望张幼仪能立刻回来，解决他目前的困境，只要张幼仪一个肯定的表态，所有的事情都好解决了。他一边不断地安慰陆小曼，一边焦急地期盼着张幼仪的身影。

在见徐志摩父母之前，张幼仪的心情也比较复杂，一方面她很担心徐家二老会因为她没有照顾好彼得，让他们的孙子客死他乡而责怪自己；再一个原因，徐家二老对自己在欧洲时候大方的资助，特别是在二老得知她已经和徐志摩离婚的情况下，还依然每月按时寄来生活费，让她非常感动。走进他们居住的旅馆房间，见到徐家二老，张幼仪深深地鞠躬向他们问好。

徐志摩也在房间的另一头坐着，脸上带着急切的表情，但是因为父母没有开口说话，他不得不隐忍着。不时拔弄手指上的一枚大玉戒指。那种明艳鲜亮的绿，一看就知道价值不菲。张幼仪看出，这块玉叫作“勒马玉”，关于这块玉还有一个传说：古代一位王子喜欢骏马，一日得到一匹绝世良驹，他便兴冲冲地过去看马，谁知道那匹马性情十分暴烈，一看到生人朝它走来，以迅雷不及掩耳的速度冲到王子跟前，扬起两只前蹄，就要踩踏王子，情急之下，王子绝望地抬手挡住了自己的头部，谁知道，那马儿忽然安静了下来，轻轻舔舐王子手指戒指上的那块晶莹翠绿的玉，它以为王子手上拿的是草，是来饲喂它的。徐志摩从来没有戴戒指的习惯，看来这个名贵的“勒马玉”戒指有着特殊的意义。

简单的问候之后，大家都陷入了短暂的沉默，谁都不知道怎么开启这场谈话。想着这场谈话过后，也许曾经亲密的一家人，就再也没有机会坐在一起吃顿饭了。还是徐志摩的父亲率先打破了这令人窒息的沉默，“你和我儿子离婚是真的吗？”老人压抑内心的失落，慢条斯理地问张幼仪。

虽然老人是在问张幼仪，但是张幼仪知道，徐家二老是早就知道他们离婚的事情，他们是一定要当面听张幼仪讲出这句话，他们心里也许疑惑张幼仪是不是被徐志摩逼迫才离婚，如果现在张幼仪说不肯离婚，徐家二老还是可以强迫徐志摩继续履行他们的婚约。张幼仪明白徐父说这句话的意思，但是她已经明白了徐志摩并不适合她，所以她对于这个问题的回答也比较明确。“是啊。”她尽量用平静的不带任何感情色彩的语调来回答徐志摩父亲的提问。

这一声肯定的答复从张幼仪的口中说出后，徐志摩惴惴不安的心立刻放松了，甚至想站起来欢呼一声，但是考虑父母的态度，他没有敢太放肆。而徐志摩的父亲听到张幼仪的回答，有点不太敢确信，因为他知道张幼仪是个很传统的女人，总应该想保住自己徐家少奶奶的身份，既然他都已经给了张幼仪的机会，她为什么会不明白他的意思呢。从张幼仪的回答，徐志摩父亲知道张幼仪的心意已决，不会再想着回到徐家了，老人家的心里一阵难受。

“那你反不反对他同陆小曼结婚？”老人的表情充满期待，甚至自己都没有意识到，他在问这句话后，他的头轻微地摇了摇，他明显是希望张幼仪说不同意。张幼仪知道徐志摩的性格，他是个很倔强执拗的人，如果真的要拆散他和陆小曼，他还不知会闹出什么事情。以目前的状况看，还是成全徐志摩的心意，不然徐家二老将要承受更大的烦恼。当“不反对”三个字从张幼仪的口中说出时，徐志摩的父亲彻底失望了，他本来寄希望于张幼仪，希望张幼仪能把徐志摩从那一潭浑水中拉出来，他不希望徐家和自己的儿子再被人说三道四。

徐志摩闻言再也按捺不住，高兴地从椅子上跳了起来，猛地伸出双臂，像是拥抱着以后的美好生活。所谓乐极生悲，他手上宽大的玉戒指一下从开着的窗户飞了出去，意识到戒指飞出去了，徐志摩脸上立刻惊恐万状，因为那个玉戒是陆小曼送给他的定情信物。有人飞奔下去找戒指，房间里的人从窗户望下去，下面是一片青翠的草地，最终那枚戒指都没有找到。这仿佛是一个征兆，为他和陆小曼的婚姻埋下了一个不祥的伏笔。

有了张幼仪认可，徐志摩和陆小曼的婚姻道路已经畅通无阻。失望又无奈的徐父提出了三点意见：一是徐志摩和陆小曼的婚礼费用，由他们自己解决，徐家不出钱；二是婚礼由徐志摩的老师梁启超做证婚人；三是结婚后，两人要回硖石居住，安分守己过日子。对于父亲提出的这些条件，徐志摩满口应承了下来，这幸福来得着实不容易，只要余生能和陆小曼在一起，徐志摩什么都可以答应。

1926 年 10 月他们举行了结婚典礼，大方地邀请张幼仪去参加他们的婚礼，但是张幼仪并没有到场。徐志摩的父母亲也没有参加，他们一直不赞成徐志摩和陆小曼的婚姻，只是无法阻止罢了。

尽管徐志摩和陆小曼的爱情被很多新派的人热烈地讨论着，把他们当作冲破旧式婚姻枷锁、勇于追求幸福的典范来颂扬。但是从中国传统的观点来看，他们两个都是罔顾家庭责任，罔顾社会道德的人。他们婚礼的现场，梁启超有一段证婚词："徐志摩，你这个人性情浮躁，所以在学问方面没有成就。你这个人用情不专，以致离婚再娶。……你们都是离过婚，又重新结婚的，都是过来人！这全是由于用情不专，以后要痛自悔悟，……祝你们这次是最后一次结婚！"

徐志摩去过他们的幸福生活去了，张幼仪也要开始自己的新生活。她想利用自己的所学，在硖石开办一个女子学校。她想到自己少女时期，求学是那么的难，现在社会开放，外面女孩子上学也已经很普遍，但是，小镇上还没有这个条件，家境一般的女孩子，还不是每个人都有机会上学的。她为自己的这个想法做了周密的计划，甚至找到了一栋非常适合做学校的房子，楼下宽敞，可以做教室，楼上则有着几间房间，可以做教师们的宿舍办公室。

正当张幼仪准备将开办学校的梦想实现的时候，却因为阿欢的一些行为习惯，让她渐渐萌生了要带阿欢离开硖石单独生活的想法。张幼仪在国外接受幼儿培训教育，西方人很注重孩子独立性的培养。国外几岁的孩子已经能打理自己的简单生活，具有独立思考的能力了。而阿欢的状况则让张幼仪很担心：阿欢长得酷似徐志摩，雪白的皮肤，纤细的骨骼，外表整洁又斯文，可是他是一个男孩子，却给人有一种弱不禁风的感觉。这点让张幼仪想到在德国时候的彼得，彼得是那种比较强壮的孩子，带着小男孩的那种生龙活虎的精神头儿。

阿欢从四岁开始就随着家里先生读书识字，并且学习的兴趣很高，学得也非常不错。这点是得到了徐志摩的遗传，和他的父亲一样，阿欢小小年纪，也写得一手好书法。这些优点的背后，张幼仪发现阿欢的许多怀习惯。但阿欢已经八岁了，按说早就已经可以自己做一些简单的事情了，可是由于祖父母的宠溺，他生活一点都不会自理。每天早晨，如果不是佣人帮忙，他到现在还不会穿衣服。并且由于整天吃糖，吃了一口蛀牙，牙齿很糟糕，经常喊牙疼，以致小小年纪根本不能吃什么硬东西，厨房就特意给他做软烂的食物，比如狮子头什么的。如果这个时候再不加以调整，张幼仪怕阿欢错过学会自立的最好的年纪。

不仅是阿欢的教育需要离开祖父母的监管。对于张幼仪自己，她也非常不适合再待在硖石了。虽然现在人们的思想都放开了许多，但是他们对于离婚的女人是如何独立生活还是保持了很大的好奇心，还有一些人依然习惯认为她是徐志摩的太太。

这让已经摆脱了那段不堪婚姻的张幼仪感到十分的不舒服。再说因为徐志摩他们结婚后，也是要回硖石来居住。她如果再要居住在硖石，也是非常不方便的。

主意打定，她决定要和公婆提出带阿欢离开硖石。张幼仪想到徐家二老可能不会同意她带走阿欢，毕竟这个孩子和祖父母在一起生活了八年，他们平时对他又极为宠溺。张幼仪为了说服徐家二老，已经想好了一些理由。她和徐家二老说孩子在大城市有更好的教育资源，另外，由于各系军阀长期混战，浙江的乡间经常有小规模的战事，出于对安全的考虑，搬到北京也是比较好的选择。没想到徐家二老听了她的分析后，立刻同意了张幼仪的请求。虽然儿子和张幼仪离婚了，他们无法阻挡，但是在他们的心中，张幼仪是最值得信任的人，他们依然把她当女儿看待。徐家的二老不仅同意了张幼仪要带走阿欢的请求，为了给他们娘俩以后的生活有个保障，二老将家里的财产分为三份，一份给徐志摩和陆小曼，一份给张幼仪和阿欢，还有一份留给他们自己。并且现在每个月给张幼仪和阿欢三百元生活费，好让他们尽快在北京能安顿下来。

对于徐家二老的安排，张幼仪心里非常感激，他们不仅没有责怪她在德国没有照顾好他们的小孙子，还积极支持张幼仪的想法，愿意把唯一的孙子阿欢也托付给张幼仪，让她带着阿欢去北京以谋求更好的发展。

很快，张幼仪带着阿欢来到北京，用二老资助的费用，在北京找了一个住处，安顿了下来。日子在平淡安顺中轻缓地滑过，张幼仪每天和阿欢在一起，陪伴着他，鼓励他好好学习，培养阿欢健康的心理和独立生活的能力。

张幼仪和阿欢在北京才刚刚稳定下来，一天忽然接到一封电报，是徐家二老发来的，电报上说:“请携一佣来我们旅馆见。”张幼仪感到奇怪，看看了电报发来的地址，电报是从天津发来的。徐家父母为什么不在硖石而来到天津，张幼仪没有多想，就赶紧来到天津见徐家二老。

一见面，婆婆就很气愤地和张幼仪说了很多，他们无法容忍陆小曼的所作所为。本来徐志摩的父母是反对徐志摩和陆小曼结婚的，后来既然徐志摩坚持要这么做，他们也就接受了这个徐志摩认可的女人。在硖石为他们特地修建了中西合璧式的二层楼婚房，也算是对陆小曼不薄了。

因为有过约定，徐志摩结婚后，偕陆小曼拜见父母。而陆小曼第一次来到硖石来看望他们，就让二老气愤不已。陆小曼完全不懂规矩，竟然要求坐红色的轿子。一个女人一生只能在第一次出嫁的时候坐一次红轿子，而人们都知道陆小曼是结过一次婚的人，如果还若无其事地坐着红轿子进门，人家就会嘲笑徐家。徐母越说越气愤，不由得语速加快了。她尤为愤怨的是，陆小曼完全不顾徐家二老的感受，当着二老的面，让徐志摩吃掉她剩下的半碗饭。徐家虽然很富庶，但是从来不浪费粮食，连八岁的阿欢都知道背诵“谁知盘中餐，粒粒皆辛苦”，而陆小曼根本无视这米饭后凝结着农人们辛勤的劳作。这种败家的习惯让徐父徐母无法接受。而更让二老目瞪口呆的是，陆小曼在吃完饭后，娇滴滴地让徐志摩抱她上楼。徐母知道，家里为他们结婚新建的那栋楼房台阶有五十多级，徐志摩又不是强壮的人，而陆小曼要求徐志摩做这一切，徐志摩都照做。徐志摩的父母非常心疼儿子，又生气陆小曼任性懒惰不知羞耻。连夜，徐家二老决定离开那个家，而要来投奔张幼仪。

张幼仪轻轻握住老人因为生气而颤抖的双手，尽量安慰老人。虽然知道自己如果收留了二位老人，一定会惹得徐志摩夫妇不高兴，会让他们背上不孝顺的罪名，但是眼看着新年将至，她不忍心拒绝二位老人和他们一道过新年的要求，于是他们祖孙三代在北京过了一个团圆的新年。两位老人把张幼仪当成了亲生的女儿，这个新年他们过得其乐融融。祖父祖母按照以前的习惯，在新年依旧给阿欢买了许多的礼物。甚至两位老人还记得张幼仪的生日是新年的前一天，他们为张幼仪煮了面条，庆祝她的生日，这让张幼仪感动不已。

但随之又一封突然而来的电报，一下让张幼仪的心揪了起来，电报上说母亲病重，让她立刻回上海。

张幼仪立刻带着阿欢和徐家二老一道回到了上海。等到她回家的时候，母亲已经病得起不了床了。张幼仪日夜守护在母亲的病榻前，可是母亲越来越虚弱，张幼仪到家不过十天时间，母亲就离世了。

母亲去世的时候，家里所有的兄弟姐妹都围在母亲的床前。按照旧的规矩，母亲的丧礼应该是由家里最大的女儿来操办，因为张幼仪平时做事大方得体，大家一致要张幼仪来操持母亲的丧葬事宜。

母亲的离世，让张幼仪顿然觉得失去了依靠。她非常伤心，母亲在世的时候，对她诸多的教诲让她受益终身，而母亲生病最痛苦的时候，她却没有始终陪伴在身旁。她强压悲痛的情绪，认真地为母亲料理着后事。

张幼仪按照习俗，在母亲还没有咽气之前，将一个装了金银珠宝的小布包放在母亲的嘴里，因为人身故后想要进入冥府，必须要贿赂看守冥府大门的龙，这个布包里的金银珠宝就是龙最喜欢吃的东西。趁着母亲身体还柔软的时候，让佣人给母亲净身后，穿上了七层七彩的寿衣。这些七彩寿衣都是用上好的材质、精湛的绣工制成，由内到外共穿了七层。这样母亲在另一个世界，会永远保持优雅端庄的仪态，一如她在世时的模样。初入冥府是幽暗的所在，张幼仪将寿衣下摆的四角和寿鞋上都缝制了一颗珍珠，这样，珍珠发出的光亮能照亮母亲进入来世的路。一切准备停当后，她请几位僧人将母亲入殓，停棺在家，诵经百日，张幼仪给母亲的丧礼办得风风光光。

对于母亲，张幼仪内心非常愧疚。她在国外的几年，因为她的婚姻问题，母亲没有少操心，可是她刚从国外回来，还没有来得及尽孝，母亲却亡故了。最后这一次，张幼仪一定让她安详地离开。张幼仪看着母亲的遗容时，心里默默告诉母亲，她一定会好好的，希望母亲能走得放心。

人们都认为旧式的婚礼没有爱情可言，可是一直到老，张幼仪都认为，旧式的婚姻是非常牢固的一种感情。天长地久里培育出来的一棵大树，风吹不倒，雨淋不倒，那是结结实实长在泥土里的亲情。因为她的父母就是那样的一对夫妻。从没有听父母说过什么爱情，他们有的只是互相的理解和扶持。他们的关系就像是一对鸳鸯，一只如果亡去了，那么另一只也无法独活。张幼仪的母亲去世后，父亲终日郁郁寡欢，总是说人生再没有乐趣了。他在世的时候，最讲究的是饮食，母亲总是随着他的喜好，在厨房里叮嘱厨师们做出口味好的菜肴。如今，母亲离去，父亲甚至吃饭都没有胃口了。母亲去世不过百日，父亲因为悲伤过度，也离世了。

人们都说，有父母的地方才是家。如今张幼仪一下失去了挚爱的双亲。从此后张幼仪是一个孤单极了的人，没有婆家，也没有娘家，她茫然地不知道今后该如何存活在这个世界上。

第七章 绽放——一任风华流淌

01 - 她的人生熠熠生辉

张幼仪父母的葬礼结束，已经是五个月以后了。张幼仪不想再去北京了而是选择留在上海。

因为父母在的时候，四哥负担了一个大家庭的开支，而父母去世后，姐妹们不能依靠四哥来生活。况且，持续五个月的葬礼，让四哥花费了一大笔钱。为了减轻四哥的负担，她带着未出阁的四妹和未成家的八弟以及阿欢在上海附近的一个小镇上安了家。张幼仪用徐家给得三百元生活费来负担小家庭的大部分开销，大姐负责四妹的零花钱，也经常会把四妹接去住上一些日子。而在上海一个银行工作的八弟，则每天带着阿欢坐半个钟头的火车，把阿欢送到学校后，他就去上班，晚上再接阿欢一道回家。张幼仪他们的日子过得简单却温馨，总归是和家人们在一起了。

有一天，张幼仪突然接到四哥的电话，跟她说了一件很灵异的事情。昨晚他和四嫂同时梦到了母亲，穿着入殓时候穿的七彩寿衣，漂浮在他们的床头，很生气地看着他俩，四哥和四嫂很害怕。母亲责怪他没有尽到一家之主的责任，自己过着好日子，却把弟弟妹妹们丢在乡下不管。梦醒了后，四哥非常迷信，他认定母亲的灵魂一定还盘旋在他的家里，直到亲眼看见他把弟妹们安顿好才行。

四哥当时已经是中国银行的总经理，有着很好的声望以及丰厚的收入，他们在上海的租界里拥有一栋豪华的住所。四哥告诉张幼仪，母亲应该是放心不下张幼仪所以才不肯安息，他和四嫂要将他们的豪宅送给张幼仪。为了让母亲尽快安息，四哥决定和四嫂立刻搬家，请张幼仪住进来。张幼仪为了成全四哥的孝心，也是为了让母亲安息，她搬进了四哥送给她的房子。也许真的是母亲在冥冥之中庇佑着张幼仪，搬进了这栋房子以后，她的人生从此一帆风顺。

一家人有了稳定的住所后，张幼仪便开始找一个适合自己的工作了。上海是一个大城市，工作的机会也比较多，通过四哥的介绍，张幼仪在东吴大学谋到了一个德文教师的职位。

从张幼仪十二岁那年报考苏州第二女子师范学校的时候，她就希望自己以后能成为一位受人尊敬的老师。婚姻让她的希望破灭。终于在德国完成了她的学业，这希望又重新燃起。她曾抱着书本走在苏州女子学校的校园里，满脑子憧憬的是自己能作为一名老师时候的自豪。而现在，她终于能从容地走在东吴大学的校园里，走上梦寐以求的三尺讲台。如今她将利用在国外的所学，支起她自己的梦想。

她在德国主修的是幼儿教育，虽然这个专业在东吴大学用不上，但是她一口标准而流利的德语，正是东吴大学需要招聘的专业人才。刚开始,学校的老师都觉得她没有什么过硬的文凭，是凭着她四哥的关系才进入了东吴大学，有的人对她的能力还抱怀疑的态度。张幼仪也知道自己的劣势，她要用自己的能力证明给别人看，自己一定会成为一名合格的老师。

张幼仪年纪不大，但是她的阅历已经是很丰富了，她有着同龄人少有的成熟与淡定。讲台上方高悬着“青天白日，为人师表”的警语，这让张幼仪不禁热血沸腾，她内心升腾出一种责任感，一种使命感。她要用她的所学，为学生们倾尽所有，让他们在求学的道路上，感受到来自她的帮助。

第一次走上讲台，她向学生们简单的介绍了自己，学生们惊讶于她的优雅和端庄，对这个在国外留学归来的女教师充满了好奇。而当张幼仪用流利而地道的德文又做了一次自我介绍后，孩子们热烈地鼓掌，欢迎这位年轻美丽的女教师。而前来听新老师上课的校长和一些老师代表们，则完全被张幼仪的风采给迷住了，他们对张幼仪充满了信任和敬佩。

只是人们不知道，在她云淡风轻的举止里，却隐藏着那么多的艰难和辛苦，那些曾经受到过的伤害最终成就了她坚韧不拔的性格。

东吴大学德语系的女教授已经成了学校里最受学生们爱戴的老师之一，她的课总是坐无虚席。张幼仪对于这份教职工作非常尽心、也非常满意。

但是在第一学期结束，她正在做第二学期授课教案的时候，命运却又来了一个小小的转折。

在假期的某一天，有几位上海女子商业储蓄银行的女士来找张幼仪，她们直接说明了来意，希望张幼仪能接手上海女子商业储蓄银行总经理的位置。这让张幼仪非常意外，因为之前张幼仪从来没有接触过银行业，所以她不知道这些女性为什么找到自己。

来访者和张幼仪说了一些关于上海女子商业储蓄银行的情况。上海女子商业储蓄银行是几位女士于 1910 年创办的，银行创办之初，锁定的目标客户群体是无法控制自己花钱欲望的女职员，推出的特色服务是在不影响她们生活品质的情况下，不知不觉为她们存下零花钱。因为其营销模式深受广大女性的欢迎，业务状况一直良好，存款业绩逐年攀升。可是银行内部的高层管理人员知道，这看似非常了不起的成绩背后，银行现在已经是个空壳子了。

上海女子商业储蓄银行业务一直很受欢迎，但出现不盈利甚至亏损的原因，是因为管理层决策有一个很严重的失误，他们把银行大部分资金贷给了自己的亲戚朋友，不仅拿不到利息，有时连本金都很难收回，借出去的钱，他们又不太方便去找亲友催逼，久而久之形成了恶性循环。曾经有个笑话说道：银行家的儿子很好奇银行是怎么赚钱的，银行家让儿子把佣人刚买回来的一坨肉用手拿起来，然后又放回去，儿子依照银行家的话做了以后，茫然的还是不懂。银行家指着他儿子油腻的手说，肉是别人的，你拿了过来后虽然又还了回去，但手上还是有了油水，这就是银行的生财之道。银行的利润就是从钱生钱的利息转化来的。可是，上海女子商业储蓄银行贷款业务开展得不正常，却要支付存款人的利息，银行财务出现了赤字，甚至无法应付日常的开支，陷入了倒闭的边缘。

女子商业储蓄银行的几位负责人找到了张幼仪，她们非常直接地告诉张幼仪，她们并不是看中张幼仪的能力，而是看中了她的身份，因为她是中国银行总裁张嘉璈的妹妹。她们需要借助张幼仪的活动能力，让陷入困境的女子商业储蓄银行振作起来。

听了她们的来意，张幼仪明白了，肯定是四哥指点她们这么做，这是四哥又在给自己一个锻炼的机会。虽然她对于银行的业务一点都不懂，但是她非常愿意尝试一下，况且家族里好几个兄弟都从事金融工作，如果有什么困难，可以请教他们。

于是，她答应了几位女士的聘用，不过她提出要求，她不做总裁，只做副总裁，她不想和四哥分别任两家银行的总经理，那样看起来似乎有点相对立的意味。再说，她还是想凭借自己的能力，看看自己能不能把女子商业储蓄银行的业务做好，只有把银行的业务再做红火起来，她才可以名正言顺地坐上总经理的位置，而不是只依靠四哥的提携。

1928 年，张幼仪就任上海女子商业储蓄银行副总裁一职。

这时候张幼仪的性格里男性气概的一面越来越明显，她天生就是喜欢应对挑战的人。她骨子里就不服输，不喜欢被人们当作是柔弱无能的女性，她要好好地展现自己的独立刚强的一面，让世人认识到女人也可以把男性的从事的事业经营好！

刚接手银行业务，她立刻梳理了一下那些呆账、死账，发觉有的借贷人并不是没有条件偿还借贷，而是觉得可以拖延的话，就不必着急先还这笔钱。于是，她针对每个债务人的特点，制定了一系列的应对措施，比如债务人在没有还清上海女子商业储蓄银行的贷款情况下，他便很难在别的银行再有任何借贷行为；利用银行里每个人的人脉关系，帮助一些确实有困难的债务人解决资金周转的难题。在她的带动下，仅仅用了几个月时间，她们收回了大部分的欠款，银行的账面上又有了很多流动资金，各项业务又能正常开展了。

张幼仪并不满足于银行能正常开展业务，而是考虑怎么样让女子银行真正做到让女人信赖，成为女人不二的选择。

上海女子商业储蓄银行的地理位置很好，在上海最热闹的南京路上，这里周围有很多女性职员，她们虽然每个月都有着固定的收入，但是处在商业中心，眼里看到那么多时髦喜爱的商品，每个月花在口红、丝袜、香水等女性用品上的钱几乎花光了她们所有的收入。针对这个群体，银行推出了零存整取的业务，让女人们每个月只需存很少的钱，但是必须要持续每个月都要存，那么一年以后，利息加上本金就是一笔不少的钱。如果到期仍然不取出来，继续固定存进去一部分钱，利息滚利息，等她们忽然想起来查看银行的账户，那会是让她们欣喜若狂的一大笔钱。这项银行业务受到很多女性的欢迎，当时，几乎南京路上所有的女性职员，都会把钱存在她们的银行。

不仅拓展了很多新的银行业务，张幼仪还在特色服务上下了功夫。她决定将女子商业银行打造成女人最信任的银行，强化这里的私密性服务。上海的所有银行都开展一项贵重物品寄存的业务，张幼仪也开展了这项业务，但是，他们做的又和别的银行不太一样。上海是个大都市，经常会有一些重要的社交场合，每到社交季，别的银行业务都会非常繁忙，那些太太和小姐们纷纷来取自己贵重的首饰去参加社交舞会。而张幼仪他们银行，这个时候却显得比较冷清，但这是表面的冷清，并不是他们寄存业务开展得不好，而是因为女子银行里寄存的都是一些女性客户不便于公开招摇的贵重首饰物品，如情人送的礼物，或者是不想让家人知道的秘密财富。客户们会在自己需要的时候来提取。相对于别的银行，女人更加信赖张幼仪他们的女子银行，因为在这里，自己的秘密会永远是秘密，不会给她们带来任何的麻烦。

除了把银行业务开展好，张幼仪还不忘记自身素养的提高。虽然她身为副总裁，每天有很多的事情要忙，但是，每天下午五点，都有一位老师来到张幼仪的办公室，教她一小时的中文知识。她一直对自己少年时候没有很好地接受教育而感到遗憾，现在终于有条件弥补，所以只要有时间，她都会努力地学点东西。

在银行的内部工作管理上，她也非常用心。她把办公桌放在整个办公区域的最里面，这样，前面发生的所有事情，她一眼便看到，便于及时有效地处理。银行里的职员们非常敬佩张幼仪的工作能力和作风。作为一个银行企业的实际负责人，她是一个很严谨守时的人。她每天早都是很准时地来到工作岗位，从来不会迟到一分钟，甚至经常是第一个到达。刚开始，职员们一时还改不掉懒散的习惯，但是看到总经理总是来得这么早，大家便自觉地开始执行单位作息时间。虽然张幼仪从不爱说笑，但是她非常和蔼，就算偶尔看到迟到的员工，她也不会责怪她们，这反而让那些职员们再也不好意思迟到了。

一个好的企业不仅要懂得盈利，创造经济效益，还要懂得取之于社会用之于社会，为社会做一定的贡献，那样的企业才更成熟，走得更长久。抗日战争期间，上海女子商业储蓄银行带头发动了“献金运动”，张幼仪带头捐献，引发了女子们的爱国热情，活动的第一天，上海女子商业储蓄银行就收到捐献的金银首饰共计二百多件。引起了不小的轰动。

上海女子商业储蓄银行在张幼仪的带领下，内外兼修，业务开展得越来越红火，到了 1936 年，银行从最初注资的二十万元，已经累积了一百万元的资产。南京路上的这家女子银行在业内赫赫有名，人们知道让这家银行起死回生的，是一个名字叫张幼仪的女人。她被世人誉为“中国第一女银行家”。

张幼仪的气质越来越出众，能力已经不是普通的女性能够相提并论的，就连一贯嫌弃她的徐志摩也十分钦佩她的经营能力和独到的眼光，竟然也会和朋友们一起，入股张幼仪所开办的“云裳”服装公司，给张幼仪投资。

说起这家服装公司，起初成立的缘由，竟然是因为张幼仪找不到一个合适的裁缝。

中国人的衣服，一般都是请裁缝手工缝制，富有而人口多的人家是请个裁缝在家里专门做衣服。张幼仪最小的妹妹长大后,对新衣服有特别的爱好。那个时候张幼仪家的生活条件好了，请了个裁缝在家，四妹每天都要做衣服。

而张幼仪出国几年后，上海发展得非常快，开了很多家百货公司，女人更愿意去百货商店选那些洋装，结果导致裁缝店因生意清淡而逐渐减少。当张幼仪从国外回来后,想做几身衣服，却找不到合适的裁缝。在国外留学多年的张幼仪，并不喜欢那些商店里的成品洋装，她觉得那些衣服都不适合中国女人的气质。在她的眼里，只有旗袍才能衬托出中国女性温柔典雅之美。

在民国初期，之所以很多有独立意识的女性都喜欢穿旗袍，是因为旗袍有一种效仿男子着长袍的意味。但是旗袍最初并不是那么精致，就是一个宽大的罩袍，穿在女性身上看不出身段。直到后来，随着西方裁剪工艺的融入，旗袍才渐渐不同于满族女人宽大的旗装，而成为了体现女性优雅曲线的时装。

张幼仪首先看好旗袍是既带有中国特色、又体现西式审美并采用西式剪裁的时装，是一种东西方文化糅合的具体表现，旗袍深受中国女性的青睐，一定会越来越有市场。同时，旗袍一年四季都非常实用，夏天可以是无袖，冬天可以外面罩着皮草，张幼仪肯定这样的服装会大有市场前景。

当她把自己的想法和八弟说起时，八弟非常感兴趣，并着手立刻具体行动了起来，他找来了几个人合股，其中就有徐志摩。世事就是如此奇妙，张幼仪和徐志摩，这两个在婚姻中无法生存的人，现在脱离了夫妻关系，竟然还可以是合伙人，甚至可以做朋友。

合伙人找好了以后，八弟甚至还给服装公司起了一个很诗意的名字——“云裳公司”，取自李白为杨贵妃写的《清平调》里的诗句：“云想衣裳花想容”，寓意这个服装公司出品的衣服能让女人更加美丽，更加婀娜动人。张幼仪和八弟给这家服装公司定位是成品及服装定制。这样，不同层次的女性都可以适应这里的消费水平。

服装公司一成立，张幼仪就接手管理了服装公司的具体业务。她每天从上海女子商业储蓄银行下班以后，就直接来到云裳服装公司，处理订单和参与服装的设计和细节搭配。张幼仪知道，想在上海滩这个十里洋场让云裳服装公司站稳脚跟，必须要有非常出彩的设计，还要有一些顶尖时髦的人物来带动女性的审美意识。她要让云裳服装公司成为上海滩被追捧的品牌。

入股服装公司的几个人都没有服装设计方面的经验，于是她找到了当时上海著名的艺术家江小鹣加盟云裳，一是江小鹣的艺术修养对提高服饰的品位有着非常好的帮助：一件单调的旗袍，只要配上合适的缎带、或者是珍珠纽扣等的点缀，就会有让人眼前一亮的效果。再者江小鹣本身就是一个招牌，他这样知名的艺术家是云裳的设计师，那么云裳出品的衣服一定是潮流的前沿。

张幼仪还为云裳公司想到另一个绝妙的主意：通过中国当时最著名的两个走在时尚前沿的女人为云裳品牌代言，她们是有着“南唐北陆”之称的唐瑛和陆小曼。陆小曼自不必说，她是北京社交界的名媛，走到哪里都是被女性模仿追捧的对象。她还是徐志摩的妻子，自然是要为云裳服装公司代言。而那个唐瑛却并不比陆小曼名头小。唐瑛的父亲在上海开了一家很大的医院，专门为上海的达官贵人看病，她家的条件非常优渥，而且父母亲对唐瑛极为宠爱。她毕业于上海教会贵族学校中西女塾，中英文兼优，能唱昆曲，还会演戏。唐瑛最大的特点是非常时尚，穿衣考究而前卫，一直都在引领上海滩时尚的潮流。在 20 世纪 30 年代，她用的都是世界名牌，凡是当时法国贵妇人所有的，唐瑛也都具备。据说唐瑛每穿一件新衣服，全上海的裁缝都要忙了，因为不知多少女人都要照着她的做，她绝对是上海时尚界的风向标。

在云裳服装公司开业的那天，陆小曼、唐瑛等众多美女，穿着云裳设计的服装，那个场面足以让整个中国的时尚界沸腾了。

云裳服装一时成为了炙手可热的品牌，哪个女人要是没有一件云裳的衣服，就证明是不够时髦的。

事实证明，张幼仪的坚韧不拔，敏锐的商业头脑，让她每做一件事，都非常成功。

在战争年代，很多行业，特别是服装行业少有盈利，但是张幼仪却凭借胆识和远见，囤了一批用于军用服装染料，由于需求量增大，到处都买不到这样的染料，甚至连原产地德国都买不到。这个时候张幼仪才出手，赚了一百倍的价钱，让她获取了丰厚的利润，然后她又利用这笔资金投资棉花和黄金，每个投资都赚钱，这在那个战乱的年代不得不说是个奇迹。

张幼仪在经历了那么不堪的过往之后，终于踏上了自己的成功之路，这条路上鲜花满地，风光无限。此时的张幼仪无论在人格上、在社会地位上，还是在个人财富上，再也不比徐志摩逊色。她晚年曾经说："我要为离婚感谢徐志摩，若不是离婚，我可能永远都没有办法找到我自己，也没有办法成长。"

02 - 范园里的岁月

张幼仪是个很懂得调理生活的人，她每天白天非常忙碌，忙于银行的业务，忙于云裳服装公司的业务，忙于学习新知识，忙于照顾阿欢的生活和督促阿欢的功课。而到了休息时间，她也会很悠闲地过自己的生活，她会偶尔打打麻将，也会很注重自己的养生，这大概是受到她的医生父亲潜移默化的影响。

张幼仪是个知恩图报的人，她非常感谢四哥和四嫂在她最困难的时候赠与她住房。三年后，她凭借自己的能力，在法租界买了一栋房子送给了四哥，同时也拿下了“范园”，即她现在住的这栋房子的房契。

范园是一位姓范的中国人于 1918 年建造的大合院，这个园子的构造非常精美。园子的正中是个大花园，花园里有一个巨大的喷水池，从花园延伸出许多条小径，每条小径通往一栋住房，小径曲折幽深，柳枝招摇，又颇有中国园林的气韵。园子里共有十几栋住房，每栋房子的建筑风格都不同，有欧式的，有美式的，还有西班牙风格的，等等，这个园子相当于一个微缩的世界建筑群。

张幼仪住的那一栋比较靠后，是用石头砌起来的一栋两层建筑。这栋房子功能很齐全，客厅、卧室、休息室、厨房、佣人房等，甚至还有专门的健身室，张幼仪有时候在这里打打乒乓球。她把这里打造得非常温馨和舒适，让人们来到这里，都愿意多待一会儿。甚至二哥和四哥来了客人，都喜欢把朋友们带到张幼仪的家里来坐坐。起初二哥还怕张幼仪嫌麻烦，张幼仪看出二哥的想法，她让二哥不要这么想，她平时不喜欢多和人说话，也不会和陌生人多交流，这样很不利于自己在银行业的发展，二哥和朋友们来，在这里交谈的时候，她可以在旁边听听，也学一些与人交谈的技巧。听她这样说了，二哥理解了张幼仪的用心，也会刻意带一些朋友来到范园，他们在讨论的时候，也邀请张幼仪参加，张幼仪虽然很少插话，但是听二哥他们说的话确实拓宽了张幼仪的思路，为她在工作中和客户的良好沟通起了很重要的作用。

张幼仪在范园住着的时候，徐志摩和陆小曼也来到了上海，在她附近的法租界也租了一栋房子，因为硖石经常打仗不太平，大城市无论如何比乡下安全些，这样徐家二老也就和徐志摩他们一道搬了过来。因为他们的房子相隔不太远，所以每个周末张幼仪都会带着阿欢穿过租界间的林荫道，从英租界到法租界，看望阿欢的祖父母。每次阿欢去看望徐家二老的时候，老人都非常开心，爷爷会在阿欢来之前从百货商店里买一些他喜欢的玩具准备着，而奶奶则会早早让厨子做好了他喜欢吃的饭菜。阿欢每次从爷爷奶奶那里回来后都非常高兴。

因为二位老人对阿欢和张幼仪都非常的好，张幼仪对两位老人也非常关心。尽管她已经和徐志摩离婚，再也不是徐家二老的儿媳妇，可是两位老人对她越来越依赖。任何事情甚至是不可外扬的家丑，他们也要和张幼仪说。

一日，张幼仪忽然接到徐志摩母亲的电话，老太太用从来没有过的尖利声音告诉张幼仪，她和老爷再也没有办法容忍陆小曼那样的女人，两位老人一定要搬过来和张幼仪一起住。

徐家二老本来对离婚嫁徐的陆小曼印象就不好，再加上因为第一次来硖石时的任性和目中无人就更不喜欢她。但是毕竟是自己儿子选择的妻子，看在儿子的面子上，他们在搬到上海后，还是住在一起。这次老太太忽然如此气愤，一定是发生了什么更加让老人不能容忍的事情。

通过老太太的叙述，张幼仪才知道徐志摩和陆小曼现在的婚姻陷入混乱的境地。陆小曼的生活非常骄奢，她不仅吃穿用度样样都得是最好的，还养成了一些阔太太们的习惯，挥金如土，出入各种交际场所，捧戏子，认干女儿。每月的开销多达五六百大洋，这让靠讲课谋求收入的徐志摩生活十分窘迫。而更让徐家二老无法容忍的是，陆小曼和徐志摩的婚姻插入了一个叫翁端午的人。这翁端午也是京城一个很有些来头的人，家境殷实，祖父是宫廷的画师，自己对国画的鉴赏能力也非同一般，而陆小曼的国画造诣也很高，这共同的兴趣让他们俩很谈得来。徐志摩、陆小曼和翁端午在一次京剧演出中相识，三个人由于志趣相投，相处得还不错。由于陆小曼不顾一切和王庚离婚时，做了流产手术，伤到了身体，所以稍微劳累便会犯病。在一次京戏演出中，陆小曼又犯了病，非常痛苦，翁端午会一手推拿的绝活，于是便给陆小曼推拿了一番，果然减轻了陆小曼的痛苦。自此，陆小曼一旦有点不舒服，徐志摩都会请翁端午来给陆小曼推拿，他们三个发展成不分彼此的好朋友。翁端午为了让陆小曼忘记病痛，引导陆小曼抽上了鸦片，以致陆小曼一日离不了鸦片，也离不开翁端午。

翁端午几乎就是住在了徐志摩的家里，整天和陆小曼躺在烟榻上吞云吐雾。徐志摩的父母亲实在看不下去，就提醒徐志摩，这样太有伤风化。徐志摩却不以为然地任由着陆小曼的性子来，他觉得陆小曼牺牲了那么多和自己结婚，一定要想方设法满足她，就算是陆小曼和别的男人整天黏在一起也没有什么。

徐志摩的态度越发助长了陆小曼的骄奢气焰，家里什么好东西都得供翁端午享用，老爷太太不能动用，徐志摩更不能动用。

徐家二老实在无法忍受着这样不成体统的家庭生活，他们对徐志摩一而再，再而三的忤逆行为无法容忍，决定还是要和张幼仪住在一起，尽管张幼仪现在的住房和徐志摩夫妇租赁的住房，只隔了一条街。

向来做事周全的张幼仪尽管考虑到老人如果搬来和自己住的话，徐志摩和陆小曼一定感到非常没有面子，但是她不能看到老人这么难受，她想到了一个折中的办法，让老人跟徐志摩说想和孙子住一段时间。徐志摩立刻接受了父母的搬家理由，他被父母和陆小曼之间的矛盾弄得毫无办法，这个时候父母说要搬出去，也许正合了他心里的想法。于是，徐家二老就搬到张幼仪范园的家。

张幼仪是个非常懂得顾全外场的人，很多人都说徐志摩的父母对自己的儿子已经失望透顶，对这个曾经的儿媳妇却十分疼爱，尽管徐志摩的父母已经不再顾忌别人的说法，但是张幼仪却不想让别人这么看待徐家。她在炒股票赚了一笔钱后，在她房子后面的空地上，给徐志摩的父母盖了一套房子。外人看起来这是两栋独立的房子，徐志摩的父母是单独住的。但是为了方便照顾老人，这两套房子有一个楼梯连接着，可以方便地出入。

人生就是这样变化无常，当十五岁的张幼仪刚嫁到徐家，看着公婆的脸色，期待着丈夫的眷顾。纵然生怕言谈行为失当，处处小心顺从,却也难以得到徐志摩的垂怜。岁月如河悠悠流过，当年深闺庭院里的弱小女子已然成长为年轻有为的女企业家，如一块璞玉，经历过世事的打磨，如今已是璀璨夺目，令世人为之仰慕。就连当初全世界最讨厌张幼仪的那个人，也敬佩张幼仪。徐志摩已经把张幼仪当作了朋友,当作了重要的合作伙伴。只要在上海，每天下午都会在张幼仪在公司的时候去那里，有时候是谈谈公司的经营情况，有时候则是去定制自己的领带和衣服。他不仅仅在生意上十分遵从张幼仪，在一些家庭事务上，也越来越尊重张幼仪的意见。

陆小曼在徐家的身份，是徐志摩一直很头疼的问题。徐家二老一直很不喜欢陆小曼，而且是越来越不喜欢。徐志摩 1928 年夏天去欧洲讲学，当时住在硖石的徐家父母发了电报给陆小曼，邀请陆小曼来硖石和家人一起居住。结果陆小曼根本没有把徐志摩父亲的话当作一回事，既不回复也不露面，这让徐志摩的父亲非常生气。半年后徐志摩回国时,徐父直接和徐志摩说，因为陆小曼不够尊重二位老人，所以以后他不会再善待陆小曼。徐家二老在张幼仪家住的时候，徐志摩每次来探望父母基本都是一个人来，有时他也试图带着陆小曼一道过来，缓解一下她和老人之间的隔阂,但是徐志摩的父亲根本避而不见。一时之间,陆小曼和徐志摩的父母的关系弄得非常僵。陆小曼处境很尴尬。徐志摩想到如果阿欢肯叫陆小曼作继母，那么对陆小曼来说真的是一个安慰。徐志摩对张幼仪说出了他的提议，张幼仪并没有表明自己的态度，她觉得阿欢已经十二岁了，有自己的判断能力，这样的事情可以直接去征求阿欢的意见。让徐志摩失望的是，阿欢并不愿意以任何称谓来称呼陆小曼。

陆小曼在徐家败得非常彻底，不仅是阿欢拒绝承认她，徐志摩的父母更是不愿意接受她。由于徐父对陆小曼我行我素不遵守礼仪的做法一贯有看法，在徐志摩母亲病重的那些日子，他拒绝了陆小曼要回硖石照顾婆婆的请求，在他看来，那个只会抽鸦片、包戏子、花钱如流水的陆小曼根本就是徐家的羞耻，她不会是真心要照顾好病重的徐志摩的母亲，只不过是为了表明她徐家儿媳的地位才勉强说要回硖石。

徐志摩母亲在患病危重期间，坚决要求徐志摩通知张幼仪回来料理她的身后事。当徐志摩父亲打电话给张幼仪请她回来的时候，张幼仪感到很为难，因为陆小曼才是徐家的儿媳，这些事情都应该是由陆小曼去打理才对，她不能再插手这件事情。而当徐志摩无法拒绝母亲的要求，再一次打电话给张幼仪，请她回来主持家里的事情，张幼仪再也不忍心拒绝老人的期盼。

张幼仪心思缜密，她已经想到老太太执意请自己回去料理后事，一定会引起陆小曼的不满，陆小曼作为徐家的正牌儿媳，却不能主持家里的大事，是证明徐家根本看不起她的意思。她难免心里不平衡，今后一定是要闹出一些风波。张幼仪不希望自己因为插手徐家的事情，弄得徐志摩和陆小曼对她有怨言。所以为了不让自己处于太尴尬的地位，她和徐志摩说出了自己的想法，她不想名不顺言不正地这么去，她提出自己以徐家干女儿的身份为老太太料理一切事情。既然徐家一再请求她回去，那么她就会坚持把老太太的事情全部办好才离开。正被家里事情弄得焦头烂额的徐志摩一口答应了张幼仪的要求，他只希望张幼仪快点过来，徐家因为没有女主人来操持家里的大小事务，已经乱成了一锅粥。

张幼仪赶到了硖石时，老太太已经病得有点神志不清了，当她看到张幼仪来到了她的床边，她终于欣慰地露出了笑容，她心里清楚，有了张幼仪，她的后事一定会办得非常好。

徐家发生的这些事情似乎都将徐家儿媳陆小曼排除在外了。陆小曼一直到徐母去世的当天接到徐志摩的电报才赶回硖石，却依然被徐家拒之门外，徐志摩的父亲当天没有让陆小曼见婆婆的最后一面。直到举行丧礼的那一天，徐志摩的父亲才让陆小曼参加了吊唁仪式。徐志摩眼见爱妻陆小曼被家庭所排斥，却没有任何办法解决，他只能将这些怒火压制在自己的内心。徐志摩觉得自己的父亲对张幼仪喜爱得太偏心，完全不照顾陆小曼的面子。他在给陆小曼的信中写到：

> 我家欺你，即是欺我，这是事实。我不能护我的爱妻，且不能护我自己……父亲爱幼仪，自有她去孝顺，再也用不到我。这次拒绝你，便使间接拒绝我，我们非得出这口气。

在母亲去世的那天，因为徐父不准许陆小曼进徐家大门，徐志摩平生第一次顶撞了父亲几句。震怒之下的徐父伏在徐志摩母亲的灵柩旁痛哭了一场，他们父子的关系从那以后变得十分僵硬。

张幼仪按照安葬自己母亲那一套仪式为徐志摩的母亲安顿好了后事。她努力克制自己，尽量对陆小曼所表现出来的怨气视而不见，她也知道徐志摩父子因为陆小曼的原因，产生了无法弥合的嫌隙，在完成了徐志摩母亲的葬礼以后，她依然将徐父接到范园居住，照顾着老人的生活起居。徐家人一直将张幼仪当作是徐家的儿媳，不仅仅是徐父住在范园，徐家的亲戚走亲访友，或者是躲避乡间的战事，也时不时会借住在范园。

张幼仪很会细致照顾别人，她周到地为每一个人着想，不仅得到公公婆婆对她的喜爱和信任，连徐家的子侄辈的人都非常尊重她。徐志摩的侄子后来曾评价张幼仪：“很有主见，也很有主张，且相当主动，既不会哭，也不会笑，是一个三主俱全的女强人。”也许在别人眼中的张幼仪稳重沉着的性格是一个优点，而在她前夫徐志摩看来，却完全解读为是一个无趣、呆板的旧式女人。

03 - 挥一挥手

因为陆小曼的原因，徐志摩和父亲断绝了往来，因而也就不再接受徐家的经济上的帮助。这样一来，徐志摩肩上的生活重担便更加的重了。

陆小曼生活起来样样都要精致，还要抽鸦片。并且因为在上海能更容易地买到鸦片，而坚决不肯和徐志摩一同去北京。徐志摩为了挣钱供妻子花销，除了在上海教书写作赚钱以外，还同时接受北京几所大学的授课任务。这样一来，为了和妻子团聚，他不得不风尘仆仆地往返于上海和北京之间。现实的生活将一个浪漫的诗人，完全蜕变成了一个为生活而奔波的疲惫不堪的俗客。

徐志摩不仅同时在几所大学任教、努力写稿赚钱外，只要有能赚钱的机会，他都会去尝试，甚至为了赚取一点可怜的佣金还做起了房屋买卖的中介。为了供应陆小曼无度的挥霍，徐志摩甚至还四处借钱，所有的朋友他都借遍了，也找张幼仪借过钱。张幼仪打心里为徐志摩感到悲哀。徐志摩自小生于大富之家，是个从来不为生活烦恼的公子哥，如今却穷到了四处告贷。张幼仪给了他几笔钱，也并不指望他偿还，善良地告诉徐志摩这个钱是他父亲给他的，一方面让徐志摩安心，另一方面，也希望他们父子关系能缓和一些。

尽管徐志摩为了钱财拼尽了努力，还是不能支付陆小曼的开支，渐渐的他们的生活捉襟见肘，除了鸦片能足量供应，陆小曼渐渐连生活用品和化妆品都无法供应，她不管不顾地催促徐志摩尽快弄钱给她，因为她连一件像样的礼服都没有，无法出去参加社交活动。尽管在之前的一封信里，徐志摩告诉她，自己“穷得寸步难移”。

1931 年 11 月 17 日，徐志摩从北京回到上海，晚上和几个朋友在家中聊天。陆小曼依然是很晚才回家，而且喝得醉眼蒙眬。朋友们先后告辞了，徐志摩当晚窝了一肚子的火。第二天，徐志摩耐心开导劝说陆小曼，陆小曼根本就听不进去，于是两人大吵一场。陆小曼正在烟榻上过鸦片烟瘾，突然发起小姐脾气，抓起烟灯就往徐志摩身上砸去。虽然没有砸中徐志摩的脑袋，却贴着额角飞过，打掉了徐志摩的眼镜。

曾经是为了能够生活在一起，勇敢地冲破了世间一切阻力的两个多情人，赢得了风花雪月的浪漫美名，却败在现实生活的柴米油盐中。他们不仅仅是为了生活困顿而产生了矛盾，还因为一个重要的原因，就是林徽因。陆小曼不肯跟徐志摩一起去北京生活，有一部分原因就是林徽因在北京。而且人们都明了，徐志摩留恋北京，对林徽因仍是一往情深，只要是有林徽因参加的一切活动，他都会想着办法去参加。而最终，徐志摩的生命，便是消耗在了他所爱过的两名女子的身上。

1931 年 11 月 20 日早晨，张幼仪还在家里休息的时候，突然有人送了一封电报过来，电报的内容让张幼仪万分震惊。电报的内容说，徐志摩所乘坐的中国航空公司的包机在飞往北京的途中坠毁，机上的两名机师和徐志摩全部罹难。看了这份电报的内容，张幼仪无法相信这是事实。就在前天，徐志摩还来到云裳公司来拿他定制的衬衣，张幼仪还和他说过话。劝他不要太疲劳，老是这么两地奔波非常伤身体。重点是，张幼仪知道他是乘坐中国航空公司的飞机，还特意告诉他，不要老是乘坐飞机，因为中国航空公司的飞机非常不安全。徐志摩还无所谓地大笑，说不可以错过中国航空公司免费的午餐。因为他曾经写过一篇《想飞》，在这篇才思卓绝的散文里，他写道：

> 是人没有不想飞的，老是在这地面上爬着多厌烦，不说别的。飞出这圈子，飞出这圈子！到云端里去，到云端里去！哪个心里不成天千遍地这么想？飞上天空去浮着，看地球这弹丸在太空里滚着，从陆地看到海，从海再看回陆地。凌空

去看一个明白——这才是做人的趣味，做人的权威，做人的交代。这皮囊要是太重挪不动，就掷了它，可能的话，飞出这圈子，飞出这圈子。

这篇文章被航空公司看中，他们想要借助徐志摩的名气为航空公司做代言，于是，徐志摩得到了免费乘坐航空公司飞机的权利。

在临飞之前，她和陆小曼说要坐飞机才能赶上林徽因的一个关于建筑美学的演讲，陆小曼就着急地说不要坐飞机。他们还互相打趣说，如果徐志摩因为坐飞机失事而死了，陆小曼就做风流寡妇。没有想到，一语成谶。11 月 19 日上午 8 点之前，徐志摩匆匆给林徽因发了一份电报，便登上了由南京飞往北平的“济南号”飞机。那天的天气格外晴朗，徐志摩想着即将要和林徽因见面，心情也是十分好。10 点 10 分，飞机降落在徐州机场，徐志摩突然头痛欲裂，他在机场写了封信给陆小曼，不拟再飞。10 点 20 分，飞机又将起飞，他看看天气晴朗，心想再坚持一下，便能赶到北平，如约去听林徽因的讲座，他又转身钻进了机舱。 当飞机抵达济南南部党家庄一带时，忽然大雾弥漫，飞机已被雾气团团围住，迷蒙不见任何景物。 机师为寻觅准确航线，只得降低飞行高度，谁知，“砰”的一声突然炸响，飞机撞在党家庄开山顶上。机身訇然起火，像一只火鸟，翩翩坠落于山下。

开山，当地人叫白马山，就在津浦铁路旁边。“济南号”失事时，正被一个路警看到，等他跑到出事地点，机上的火还在燃烧。

徐志摩终于没有逃过这一劫难，被胡适誉为“一道永远不停息的生命之泉”的民国最浪漫的诗人，诗魂终究归了这无边无际的宇宙苍穹。就像徐志摩在《想飞》里写的：

> 同时天上那一点子黑的已经迫近在我的头顶，形成了一架鸟形的机器，忽的机沿一侧，一球光直往下注，砰的一声炸响——炸碎了我在飞行中的幻想，青天里平添了几堆破碎的浮云。

而带信人随后说的一番话，更是让张幼仪无法接受。飞机失事后，徐志摩的好友很快就拍了电报给徐志摩的家人，通知这一噩耗，谁知送信的人将电报送给陆小曼时，她坐在烟雾缭绕的大烟室里，竟然死活不肯接电报，声称这封电报是假的，她不相信电报的内容。送信人没有办法，只有送到张幼仪这里来了。

忽然得知徐志摩的死讯，张幼仪头脑一片空白，她无法想象那么鲜活的一个人，突然就这么没有了。听送信的人所说的陆小曼的举动，让她感到非常气愤，觉得陆小曼这个事情做得非常让人不能理解，不过她很快冷静下来后，便考虑到家里要有适当的人去将徐志摩的遗体认领回来。既然陆小曼不肯出面，那么她只有请自己的八弟陪着十三岁的阿欢去济南认领，毕竟八弟和徐志摩既是云裳时装生意上的合伙人，又是徐志摩的朋友。

在所有的生离死别里，最痛苦的就是白发人送黑发人。张幼仪不知道如何将这个噩耗告诉徐志摩的父亲，毕竟老人刚刚失去了妻子，她不忍再让老人受到更大的打击。为了让徐志摩父亲有个慢慢接受的过程，张幼仪先是告诉徐父，徐志摩乘坐的飞机出事了，人受了重伤在医院里。徐志摩的父亲听到这个消息，愣怔了好一会儿，他们父子虽然因为陆小曼的原因已经不大和睦，但是听到儿子重伤的消息，老人还是非常担心。但是老人表示不愿在这个时候看到儿子，他不能看到徐志摩躺在病床上的样子，要张幼仪去看望徐志摩，回来告诉他。张幼仪第二天特意在外面待了很长时间，好让徐志摩的父亲认为徐志摩还在抢救中。当她回到家中，面对徐父的询问，她依然不敢把实际情况直接说出来，只是说，今天情况不太好，医生还在抢救中。她看到徐志摩父亲的眸子一点点的黯淡下去，也算是有了一些心理准备。到了第三天，张幼仪终于还是告诉老人，徐志摩已经死亡了。说这个话的时候，张幼仪看着老人身形颓然地窝在靠椅里，脸上很多复杂的表情，有伤心、有哀叹、更有悔恨，他没有多说什么，只是无力地摆摆手说，那就算了吧。

徐志摩的遗体在撞机区域的山里被找到。作为一个全国著名的文人，中国银行出面在济南举行了一次公祭仪式，参加的有张幼仪的八弟张嘉铸、儿子徐积锴，还有梁思成、金岳霖、沈从文、闻一多、梁实秋、赵太侔等徐志摩生前一些朋友。在徐志摩的灵堂前，挂着父亲徐申如为儿子写的挽联：考史诗所载，沉湘捉月，文人横死，各有伤心，尔本超然，岂期邂逅罡风，亦遭惨劫？自襁褓以来，求学从师，夫妇保持，最怜独子，母今逝矣，忍使凄凉老父，重赋招魂？

徐志摩的父亲在 1931 年痛失两位挚爱亲人。徐父回想起儿子的成长过程，从小就天赋过人，为了将来能让他光宗耀祖，刚满 3 岁，便迫不及待地为他聘请塾师进行启蒙教育。待徐志摩成年以后，父亲欣然同意儿子拜政学两界重量级人物梁启超为师。在庚款留美引发的自费出洋热潮中，父亲为儿子寻到了出国深造的机会，先是进美国克拉克大学历史系，继而进入哥伦比亚大学攻读政治学。徐志摩在学业上没有让徐父失望，是徐家引以为豪的大才子。在挽联中，徐志摩的父亲也是以历史上最著名的大文人屈原和李白来比拟儿子。

张幼仪作为曾经的亲人和现在的朋友，她也沉浸在失去徐志摩的悲伤中，二哥的朋友以张幼仪的名义做了一幅挽联："万里快鹏飞，独憾翳云遂失路；一朝惊鹤化，我怜弱息去招魂。"其中提到的大鹏，是一种候鸟，会因季节的变化南北迁徙，在这里代指徐志摩后期的生活就像这只大鹏鸟，总是飞来飞去，以致一朝遭遇阴翳而罹难。

04 - 担当责任的人

济南的公祭仪式后，由于正处在抗日战争时期，所以运送徐志摩灵柩回硖石安葬是件很困难的事情。一直到半年以后，中国银行出资租了一节火车车厢，由张幼仪的八弟张嘉铸，儿子徐积锴，徐志摩友人沈从文、梁思成等主持，将徐志摩的遗体运往上海，由万国殡仪馆重殓，在静安寺设灵堂祭奠，最后会将徐志摩安葬在诗人的故乡浙江海宁硖石镇东山万石窝。

得知在上海即将举办徐志摩祭奠仪式的时候，张幼仪没有要出席祭奠仪式的打算，因为她已经和徐志摩没有任何关系，虽然徐家的每一个人都当她是亲人，但是，她并不想在徐志摩的祭奠仪式上和陆小曼碰面。祭奠仪式正式开始的那天下午，徐志摩的一个朋友忽然打电话给张幼仪，要她务必到现场来一趟，张幼仪问出了什么状况，为什么自己一定要去，那位朋友也不肯多说，明显有些气愤的语气，让张幼仪赶紧过来一下。她领着阿欢，穿着黑色旗袍来到静安寺的灵堂，在徐志摩的灵柩前，看着躺在棺材里的徐志摩，经历过空难事故，再经历了这么长久的搁置，徐志摩的脸已经惨白浮肿，再也看不出曾经的风流倜傥。徐志摩安静地躺在花朵丛中，无论爱与恨，他是长久地休息了。

张幼仪深深地鞠了三个躬，和这个浪漫的诗人告别，她深深地为徐志摩感到惋惜，他才华横溢，非常年轻，才三十五岁，正是一个人精力最充沛，最容易出作品的好时候，可惜终究不敌命运的无情。

张幼仪行过礼后，那个打电话的人赶紧走过来，告诉张幼仪，说陆小曼坚决要求将徐志摩遗体的中式寿衣换成西服，而且这种中式的棺材也要换成西式的长方形棺木。因为陆小曼是思想很洋化的人，她不喜欢这些中式的东西。听到这里，张幼仪不禁有些生气，她不知道陆小曼到底是不是头脑有什么问题。在中国人看来，一个死去已经入了棺木的人，是不可以搬来搬去的，更不要说徐志摩那具饱受了摧残的遗体。就因为她不喜欢这些，就要任性地做这些谁都不能接受的改变。张幼仪不禁想问，陆小曼到底有没有尊重过徐志摩，到底能不能算是爱徐志摩，如果她还有一点点为徐志摩考虑的话，怎么会忍心再让徐志摩那具破残的遗体遭受折腾呢。出于对逝者的尊重，张幼仪不想在灵堂前和陆小曼闹不愉快，她只是斩钉截铁地告诉那位朋友，请他转告陆小曼，就说张幼仪不同意这么做。说完后她转身离开了灵堂。陆小曼没有再坚持她的荒唐要求，徐志摩终于是按照中国的殡葬仪式入土为安。

都说文人多情，徐志摩确实是一位多情的人。他短暂的一生，将感情都付给了这两位精致的女人，但是，她们都辜负了他。在济南的公祭仪式上，陆小曼没有出现，林徽因也没有出现，这恐怕是徐志摩怎么也没想到的。

林徽因和有妇之夫徐志摩热恋着，在剑桥河畔留下了一双双并行的脚印和一首首动人的诗篇。等到徐志摩做出了让别人所指责的抛弃妻子的行为后，一直困惑于两人感情对错之间的林徽因，突然就醒悟了，毅然决定离开徐志摩，并且很快就和梁思成订婚，为了断绝徐志摩对她的念想，甚至和梁思成双双远赴美国求学。而当徐志摩意识到与林徽因已经绝对没有可能的时候，逐渐放弃了对女神的渴慕，林徽因和梁思成又回国，并且三个人都做起了知心好友。林徽因终究在徐志摩心中占据了一席之地，徐志摩在乎林徽因，积极地参与她每一次组织的沙龙聚会，这次的飞机失事，也是因为着急赶回去参加林徽因主讲的讲座。尽管徐志摩因飞机失事而亡，林徽因也受到很大的刺激，因过分哀痛身体一下病倒了。但是在张幼仪看来，这并不是爱，如果真的爱徐志摩，林徽因不会在徐志摩为她离婚后，转身奔赴了自己的幸福婚姻，并且还在婚后依然牵扯着徐志摩的感情。

而陆小曼，也不能算是爱徐志摩的。尽管陆小曼为了要和徐志摩结婚，几乎失去了自己拥有的一切，父母的宠爱、健康的身体。但是她并没有珍惜和徐志摩的婚姻。婚后，她根本没有好好地和徐志摩过正常的家庭生活。没有尽到做妻子的义务，只知道自己挥霍享用，以致徐志摩辛苦奔波，又没有处理好和徐志摩父母的关系，弄得徐家父子不和；更有甚者，在徐志摩意外亡故后，她竟然拒绝出面认领徐志摩的遗体，她根本不愿意面对这样一个局面，只想沉湎在她的烟雾缭绕的小世界里，做着不受世事干扰的浮华梦。

在徐志摩身故后，陆小曼写出了很感伤的挽联：多少前尘成噩梦，五载哀欢，匆匆永诀，天道复奚论，欲死未能因母老；万千别恨向谁言，一身愁病，渺渺离魂，人间应不久，遗文编就答君心。在挽联里，陆小曼写出追念徐志摩情意，欲共赴黄泉。自己与爱人死别的痛苦无人诉说，一身愁病，恐命不久矣，希望利用仅剩的年月编辑徐志摩的遗文，使他的文字能够传于后世。挽联写得情真意切，但在生活中依然是我行我素。在徐志摩身故后，更是与翁端午公开地生活在一起，她没有顾忌到徐志摩的名声，也不在乎翁端午是个有家室的人，就这么没名没分地和翁端午在一起，接受他的供养。

陆小曼并非没有固定的生活来源，徐志摩在世的时候，徐家每月拿三百元的生活费给他们。在徐志摩身故后，徐父虽然一贯不接受陆小曼，但是他还是每月汇三百元给陆小曼，毕竟她是徐志摩的未亡人。

民国时期，在欧风思潮的影响下，许多学者文人追求自由恋爱，纷纷抛弃包办婚姻塞给自己的小脚妻子，追求自由恋爱，迎娶受过西方教育的女学生，完全不管结发妻子的死活。在那一批文人的婚姻变故中，张幼仪所受伤害是比较深的，但是最坚强，活得最漂亮的也是张幼仪。

张幼仪在及笄之年嫁到了徐家，孝顺公婆，谨慎持家，并为徐家生下了阿欢，是符合传统价值观标准的贤惠女人。几年以后，张幼仪登上了去欧洲追随丈夫的邮轮。在欧洲那段不堪的经历，是她人生的转折点：她遭遇了人生最沉重的怆痛，人生最晦暗时光，如一张大网，铺天盖地笼罩着她，一切都跌至谷底。

她并没有自怨自艾，也并没有和那个年代很多相同命运的女性那样一蹶不振，而是果断勇敢地面对命运，在国外求学，努力充实自己。回到国内后，通过自己的执着和努力，成功挽救了一家濒临倒闭的女子银行，并创造出业内首屈一指的好业绩。入主云裳服装公司，她采用先进的管理模式，将云裳时装打造成中国第一家新式服装公司，采用独特的立体剪裁法，改良了中式服装的样式，在上海滩风靡一时。

张幼仪的事业大获成功。

她的成就让人们瞠目结舌，就连这个世界上最嫌弃张幼仪的徐志摩都不禁赞叹道："一个有志气、有胆量的女子，这两年来进步不少，独立的步子站得稳，思想确有通道。"

张幼仪从小接受的是传统的道德价值观，虽然她已经是一个非常有名的成功女实业家，但是她从来没有忘记自己身上所担负的一份道义和责任。在和徐志摩的婚姻结束后，她依旧把徐家二老当作自己的长辈那样孝顺，因为他们是儿子阿欢的爷爷和奶奶，是她刚嫁入徐家时对自己百般呵护的二老。她尽心尽力地侍奉二位老人，在徐志摩去世以后，她还是供养徐志摩的父亲十三年，直到去世。而在徐父去世后，她又接替徐家的责任，继续每月汇三百元生活费给陆小曼，直到翁端午一日找上门，告诉张幼仪他卖掉了一整座茶山，完全可以供养他和陆小曼的生活，以后再也不需要汇款了，她才停止。对于徐家，张幼仪完全尽到了责任。

正像梁实秋曾经评价的那样："她沉默地、坚强地过她的岁月，她尽了她的责任，对丈夫的责任，对夫家的责任，对儿子的责任——凡是尽了责任的人，都值得尊重。"

张幼仪对徐志摩的抛弃不是怨恨报复，而是从容大气，在徐志摩去世后，抚养儿子，奉养公公，甚至济助前夫遗孀，这才是一个女人对男人的爱，这种爱是不求回报的。这与她同一个时代的鲁迅的原配朱安有点相像，她们是一样大气贤惠的女子。不过张幼仪比朱安不幸，因为鲁迅对朱安并没有那么绝情，而是以礼相待；但她又比朱安幸运，因为她成就了自我。

张幼仪的侄孙女张邦梅曾经问过晚年的张幼仪，面对有人问他“你到底爱不爱徐志摩”，张幼仪是这样回答的：“你晓得，我没办法回答这个问题。我对这个问题很迷惑，因为每个人总告诉我，我为徐志摩做了这么多事，我一定是爱他的。可是，我没办法说什么叫爱，我这辈子从没跟什么人说过‘我爱你’。如果照顾徐志摩和他家人叫作爱的话，那我大概是爱他的吧。在他一生当中遇到的几个人里面，说不定我最爱他。”

果然如张幼仪所说，她不是个会用语言来表达感情的人，她只会用行动。在张幼仪七十多岁的时候，她让儿子查遍美国所有的图书馆，一篇一篇的复印徐志摩的所有诗词书信文章，然后寄到台湾，委托梁实秋整理编辑出版了第一本徐志摩的作品集——《徐志摩全集》。

尾声　爱情——为霞尚满天

别人眼里的张幼仪，是个严谨认真的人，不喜欢说话，不会轻易流露自己的感情。用她自己的话说："我不是个有魅力的女人，不像别的女人那样。我做人严肃，因为我是苦过来的人。"

如果她具有女性的柔美风情，也许徐志摩就不会那么嫌弃她，偏偏她不是诗人心目中的理想女人。她的恪守传统，她的贤惠孝顺，她的善于持家理财，在浪漫的诗人徐志摩看来，统统是呆板无趣。

张幼仪在一个女人最好的年华里，爱情对她来说是个奢侈品。而离开徐志摩以后的张幼仪，风华开始展露，爱情也在不经意间悄悄降临。

早在德国的时候，就有一位中国的留学生卢家仁曾向张幼仪示好。但是那个时候的张幼仪，沉浸在学习和照顾小儿子彼得的琐碎生活中，根本无暇顾及到自己的感情。再者，出于对张幼仪名誉的保护，二哥和四哥一再叮嘱张幼仪，千万不要在德国生活和学习期间，和陌生男人有亲近的关系，那样人们会对徐志摩和她离婚的原因妄加揣测。张幼仪听从了兄长们的建议，断然放弃了这一段朦胧的感情。

张幼仪身上背负了太多的责任，她自己也觉得她已经为自己的家人和徐志摩的家人做尽了一切。也根本没有时间来关心自己的私生活。她活成了人们印象中的“既不会哭也不会笑的”钢铁女人，普通的男人也根本不敢妄想去接近她。而有个叫罗隆基的人，却向张幼仪抛来了橄榄枝。

罗隆基，字努生，江西人，有“江西才子”之称。罗隆基原是清华大学的高材生，赴英国留学期间，结识了发妻张舜琴。罗隆基天资聪颖，却在婚姻、爱情生活上颇受诟病。丈人虽然是新加坡华侨资本家，因为罗隆基和丈人的思想格格不入，根本就谈不到一起，所以没能得到预想的利益，便迁怒于妻子，导致夫妻二人感情不和。回到上海以后，经张嘉森和胡适的介绍，夫妇俩来到光华大学、中国公学和暨南大学教书。在学校里，罗隆基显露出恶劣品行，大学里的女生，凡是稍有姿色而家道素丰的，都被他追求过。他的行径惹恼了性情刚烈的罗夫人，两人经常打架。罗隆基的学生沈云龙介绍说：“罗先生和他的夫人张舜琴似乎琴瑟并不调和，常常双双请假，过几日便见罗先生面部带着纱布绷带来上课，同学们常背后窃笑，这样经常吵架的夫妻生活，自难维持长久。”

罗隆基和徐志摩有一点相似，他创办《新月》杂志并担任主编，文字功夫自然很好，天生带着一些浪漫气质。他虽然整日生活在苦闷的婚姻中，却很会调和自己的情绪。一次偶然的机会认识了张幼仪，便展开了热烈的追求。他用心地打听到张幼仪生活习惯，爱穿什么样的衣服，常去哪家咖啡馆，喜欢什么样的鲜花，然后再精心地制造一些浪漫的约会。他的这些行为在朴素踏实的张幼仪看来，是非常恶心且无聊的。张幼仪最惨痛的经历，就是她和徐志摩夫妻关系存续期间，林徽因介入了他们生活。如果不是林徽因放任自己和有家室的徐志摩制造那份浪漫感情，那么徐志摩也许不会急切对自己做出那么残忍决绝的事情来。如今罗隆基所要做的，正是她当年所承受的那种伤害。不过出于礼貌，张幼仪总是婉言谢绝罗隆基的示好。

罗隆基见张幼仪对自己的热情并不回应，以为自己做得还不够好，不能够打动张幼仪的心。于是他伪装成张嘉森的信徒，加入中国国家社会党，满以为近水楼台先得月，有了和其兄长同仁的这层关系，张幼仪总应该对自己刮目相看了。殊不知张幼仪对罗隆基的这些投机非常厌恶，一次当罗隆基又送花给她的时候，张幼仪正色提醒他，不要忘记自己是个有家室的人。

这样的斥责，罗隆基却误读成张幼仪之所以不接受他，是因为有妻子张舜琴的关系，遂决心摆脱。可是自私龌龊的他又怕发妻向他提出赡养费的要求，他决定使用家暴逼妻子主动离开。于是他就每天抓住太太没头没脑地乱打乱捶，张小姐本是富贵人家的千金小姐，向来也是倔强要强的，哪里经得起罗隆基每天的拳打脚踢，只是想着赶快离开这个失去理智的魔鬼。而他毒打妻子的行为，让张幼仪对他厌恶到了极点，觉得他比徐志摩更加不堪，至少徐志摩没有公开动手打女人，而罗隆基的行为简直是没有人性。从此和罗隆基离得远远的。

七年无爱的婚姻可以说既是张幼仪一辈子的痛，也是成就张幼仪的最重要的因素。所以张幼仪在余生再不会轻易地将自己的真心付出，她知道，如果婚姻不是建立在互相爱慕的基础上，那对两个人都是残酷的，这是她经历过失败的婚姻才终于参悟出的道理。

张幼仪从德国回来后，就一直独自抚养阿欢，关心他的生活，监督他的学业，尽到一个做母亲的责任。光阴带走了张幼仪的青春，却让阿欢成长为一个相貌英俊、学识渊博的年轻人。阿欢二十一岁时学成归国，也就到了要谈婚论嫁的年龄。作为一个母亲，自然是要关心儿子的终身大事。她汲取自己婚姻失败的经验，再也不会盲目地安排子女的婚姻。她充分征求儿子的意见，问阿欢喜欢什么样的女子，阿欢坦白地告诉张幼仪，他喜欢漂亮的姑娘。

听了阿欢的回答，似乎张幼仪联想到自己的婚姻。想当初徐志摩第一眼看到她的照片就不喜欢她，她自己知道，是因为她生得不够秀丽，更没有男人所喜欢的柔媚。既然儿子说喜欢漂亮的女性，那么张幼仪就托自己的朋友给阿欢介绍了一位非常漂亮的小姐，两个年轻人见面后，非常谈得来，就此定下了终身大事。两人结婚的场面非常盛大，足足有上千位宾客前来恭贺。

张幼仪把阿欢培养成了和他父亲、舅舅们一样的学贯中西的新青年，为了不让儿子和儿媳在今后共同的生活中文化思想有太大的差异，张幼仪鼓励儿媳学习文化知识，并出资供儿媳同时修了英、法、德文和中国文学课程。在她的精心安排下，儿媳更加知书达礼，作为阿欢的伴侣，他们有了更多的思想交流和共同语言。

张幼仪的前半生所遭受的不顺利，都当作是后半生行事的经验。儿子的婚姻没有重蹈徐志摩婚姻的覆辙，小两口于 1947 年移民美国，育有四个子女，生活得幸福美满。

随着内战的全面爆发，国内的很多富有的商人纷纷选择出逃，张幼仪大部分的兄弟姐妹都离开了中国。张幼仪的二哥先是去了香港，后来又去了印度；她的四哥去了澳洲；八弟去了日本，后辗转到巴西。张幼仪和四妹也来到香港。

就在香港生活期间，张幼仪遇到了那个对的人。

天生有经营头脑的张幼仪，在香港期间，买了一些房产用作投资。在她的房客中，有一个特殊的家庭引起了张幼仪的注意。那是一个父亲带着四个孩子的单亲家庭，那人叫苏季之，是一位医生。张幼仪见此人总是彬彬彬有礼，温文尔雅，偶而进出遇到会与她打打招呼。苏医生也是离过婚的，带了四个孩子在身边。孩子们活泼好动,偶尔会跑到楼上张幼仪的家里玩耍。看着他们活泼调皮，精神头十足，张幼仪也曾经好奇，一个男人怎么样会把四个孩子都照顾得这么好。

渐渐大家熟悉了一些，苏医生和张幼仪说到一些自己的情况，早年留学日本学医，学成以后归国创业。他之前的太太也出身上海的名门，因为性格不合和他分手，离婚以后已经改嫁。苏医生将孩子都带在身边抚养，这做法让张幼仪很赞许，他是一个有责任心的人。

苏医生深受东方传统思想的熏陶，行事稳重可靠，和张幼仪之前遇到的那些浪漫的风花雪月洋派的诗人完全不一样，给人以踏实感。苏医生也非常欣赏张幼仪的成熟大气，为人诚恳善良。随着两人之间好感不断加深，苏医生主动向张幼仪求婚。这一年，张幼仪五十三岁。

自从离婚以后，她从未想过再婚，她全部的精力都围绕着抚养自己的儿子，照顾徐家的二老，打拼自己的事业，从没有为个人的事情做过多的考虑。直到韶华渐渐消逝，青春不再，却迎来了自己生命中的最美好的感情。

她对苏医生很满意，但是她还是按照传统，征求亲人的意见。她分别写信给了二哥、四哥和自己的儿子阿欢。

四哥的回复很简单，说她要考虑好。和她感情最深厚的二哥，则有些纠结。他开始立刻回电报说“好”，紧接着又改变了注意，发了封电报说“不好”。张幼仪理解二哥这前后不一致的举动，二哥是既希望她找到真正的幸福，又怕她再次受到伤害，毕竟已经五十多岁了，到了这个年龄如果再遭受伤害，真的会很难恢复。犹豫再三的二哥，终于还是来了一封电报，做出了决定：“兄不才，三十年来，对妹孀居守节，课子青灯，未克稍竭绵薄。今老矣，……此名教事兄安敢妄赞一词，妹慧人，希自决。”二哥的决定就是让张幼仪遵从自己的内心，自己做出正确的抉择。

与此同时，张幼仪也接到了儿子阿欢的回电。在美国的徐积锴收到母亲家信，里面有这样的句子，“儿在美国，我在香港，晨昏谁奉，母拟出嫁，儿意如何？”积锴立刻回信云：“母孀居守节，逾三十年，生我抚我，鞠我育我，劬劳之恩，昊天罔极。今幸粗有树立，且能自赡，诸孙长成，全出母训，去日苦多，来日苦少，综母生平，殊少欢愉。母职已尽，母心宜慰，谁慰母氏，谁伴母氏？母如得人，儿请父事。”看到儿子的这封信，张幼仪欣慰地笑了。虽然儿子在美国从事的是土木工程师的行业，但是看他来信的字里行间浓浓的真情，充满了对母亲的感恩。

虽然张幼仪也知道，在中国的传统里，孀居的女人不应该再结婚，那种做法叫失节，会让娘家丢了面子。可是张幼仪考虑自己早就和徐志摩文明离婚，而且自己的儿子完全赞成自己和苏季之的再婚，如果一定按照祖制来说，儿子答应了，就完全没有问题了。

1953年，张幼仪和苏季之成婚。她的第一次婚姻是四哥牵线，父母做主，张幼仪是被动地投入到那场让她受到伤害的婚姻，完全谈不上有爱情。而这一次，是张幼仪和和苏季之在充分了解以后，主动为自己找寻到的一段爱情。张幼仪的爱是和责任紧密地结合在一起的，她在嫁给苏季之医生的时候，她心里还在想着该为这个人做些什么，自己有没有能力去帮助苏医生成功。

婚后，张幼仪和苏季之还有苏医生的四个孩子生活在一起，她都是当作自己的孩子那样照顾。她将在德国学过的育儿理论用到了孩子的教育上，孩子们和她也很亲近，甚至告诉她一些父亲都不知道的事情。原来苏季之有一个生活习惯，每天晚饭时间，喜欢喝一点酒。每当他在喝过一点酒后，总喜欢在饭桌上教育孩子，挑剔孩子的毛病，这一点让孩子们感到很害怕，所以每次孩子总是很快地吃完晚饭，并且迅速地离开饭桌，担心父亲又因为喝酒而开始和他们争吵。张幼仪听到孩子们这样说，立刻就告诉了苏季之，希望他以后不要再喝酒，努力恢复和孩子们之间的快乐气氛。苏季之感到很吃惊，他一点都不知道自己的这个坏习惯让孩子感到难受，经张幼仪说出来后，苏季之立刻接受意见，并且真的把酒戒了。他的这个做法，让张幼仪很欣赏，这才是一个男人应该有的姿态。

张幼仪和苏季之医生生活得很和谐，他们像朋友那样经常聊天，也会就某件事情互相讨论，说出自己的看法。这样的婚姻让张幼仪感觉到自己是一个被尊重的个体。不仅是做了朋友，张幼仪更是成了苏季之医生的贤内助。

苏季之想利用自己的专业，在香港开个诊所。在考执业资格证书期间，张幼仪陪伴着他整晚整晚地研读医学典籍。诊所开办后，张幼仪又着手帮他打理诊所的业务。就如张幼仪开始希望的那样，她帮助苏医生开创了他自己的事业。他们在香港开了两家诊所。苏医生负责坐诊，而张幼仪负责预约登记。这是他们夫妻二人共同经营的事业，他们是因为好的爱情走到了一起，虽然时间有点晚，但是他们都找对了另一半。

张幼仪和苏季之讲述她以前的经历，说到了曾经的那段婚姻，说这些的时候，张幼仪把那些当作是云淡风轻的过往，而在苏医生听来，他惊叹张幼仪的坚韧和宽容，越发的敬佩张幼仪。他提议陪张幼仪一起回到她曾经生活过的地方看一看，张幼仪欣然应允。

1967 年，张幼仪和苏季之进行了一次短暂的欧洲游，准确的说，是陪张幼仪故地重游。他们一起来到康桥、柏林和所有张幼仪曾经生活和学习过的地方。往事一幕幕涌上心头：康桥，因为徐志摩的那首诗而镀上了浪漫的色彩，可是在当年，在康桥生活了两年的张幼仪，从来没有觉得康桥河畔的垂柳在夕阳中有多么的美，徐志摩用冰冷的目光将张幼仪和这个世界的美好割裂开来。

张幼仪又带着苏季之去了沙士顿，那个她曾经住过的小屋还在。那天的天气非常好，难得的晴朗天气，和煦的阳光照着那座安静的小屋，透过小屋巨大的玻璃窗，张幼仪仿佛又看到那个年轻的自己在屋子里忙来忙去的身影。虽然这个地方，张幼仪经历了她这一生中最黑暗的时光。如今看来，这些都是生命中必须的过程，是她破茧成蝶必须要经历的。

他们还一起去了柏林。柏林经历过第二次世界大战，许多建筑都被摧毁，曾经的生活已经散落得无处可寻。好在她还是找到了她和彼得、朵拉一起生活过的那座房子，虽然不能再次走进那个曾经的家，远远看着，从风声里依然能听到彼得和朵拉欢快的笑语。

这个世界曾经对张幼仪非常苛刻，让她甚至没有活下去的勇气，但张幼仪最终战胜了困厄，获得了命运的垂青，不仅有了自己的事业，有了自己的家庭，甚至有了自己相濡以沫的爱情。

和苏季之医生的这段婚姻，张幼仪真正体会到夫妻和谐的家庭生活，那是作为相对独立，却又能融为一体的两个人的世界。张幼仪与苏医生相伴了二十年，生活温馨又幸福，直到 1972 年年初，苏医生被确诊患了肠癌。从治疗到去世不过半年的时间，曾经的安稳平和的生活再一次被打断，张幼仪又只剩下了自己。

她将苏医生葬在了香港，然后便来到了美国，陪伴在儿孙的身边。

来到美国后，张幼仪没有和儿孙们住在一起，她在离他们很近的地方依然过着悠闲的单身生活。张幼仪善于调理自己的生活，从饮食起居到文娱活动都安排得非常合理。

张幼仪在美国走完了自己传奇一生的最后一程。1988 年，八十八岁的张幼仪在忍受了肺病长期的折磨后，在睡梦中与世长辞。

几日后，家人在纽约红砖教堂为她举行葬礼仪式时，参加的人数达二百多人。除了亲戚朋友、生活圈里的熟人，甚至她住的公寓里的邻居们都出席了她的葬礼。葬礼的气氛庄严却有朝气，这是张幼仪留给人一贯的印象，仿佛每位出席的人都知道张幼仪走过的是长寿而又成功的一生。

后记

尽管张幼仪用于合八字的庚帖经过母亲刻意篡改，但是她的婚姻却终究没有逃过不幸的命运。

彼时风光无限的徐志摩,对她的轻贱从不加掩饰。她隐忍着，默默承受痛苦。等到期望终于落空，婚姻已经无从挽回，她便毅然决然地放弃。

她和徐志摩的那段婚姻，在民国文人圈子里引起轰动，因为他们成了“中国第一对离婚的夫妻”。文人们津津乐道的那场婚姻革新，让故事里的女主人公比起同时代的命运相似的女人都要苦涩。

但是，让所有人包括张幼仪自己都没有想到的是，失去了婚姻，她才终于成了能掌握自己命运的人。

她重新拾起了被中断的理想，如饥似渴地投入到新知识的学习中。当年也就是因为这场婚姻才断送了她学习的机会。命运不过是拐了一个弯，终归又回到她应该要走的路上了。

她用自己的努力和坚韧不拔的毅力，熬过了常人所无法忍受的痛苦，在浴火之后辉煌重生。

学成归来后，她所做的每一件事，都是在提升她的价值。她有着众多耀眼的头衔。但是她仍然是那个沉默而内心宽厚的人。

她并没有因为一段失败的婚姻而变了性情。她依旧是一个孝顺懂事的女子。她不再是徐家的儿媳妇，但依然供养徐志摩的父母，独自抚养自己的儿子，甚至大度地和前夫徐志摩做起了合作伙伴并在他困难之机给予资助。

而之所以有这样的一个姿态，是因为她宽宏大量的胸襟。

在国外最艰难的几年间，小儿子彼得的夭折对她来说几乎是致命的打击，但她于生死之间体会到命运之无常、生命之脆弱。她决定放下心中的包袱，放下对徐志摩的恨意，抚平他曾经带给自己的那些难以愈合的伤。

因为她已经悟出，放弃那段婚姻就是成全自己，正是徐志摩残忍的行事，才逼得自己强大，也正是因为这无可遁逃的结局，才成就了人们心目中完美的张幼仪。

她的行事已经不是一个普通女人所能拥有的格局。

对于那些认真对待生活的人，老天不会让她的人生有遗憾。

终于，在张幼仪知天命的年龄，遇到了她的爱人。他们两人的在婚姻关系中，没有依附，而是相对独立又密切联系的两